# MA TANTE
# PÉRONNE

PAR

## CHAMPFLEURY

PARIS
LIBRAIRIE ACHILLE FAURE
18, RUE DAUPHINE, 18

1867

# MA TANTE

# PÉRONNE

IMPRIMERIE GÉNÉRALE DE CH. LAHURE
Rue de Fleurus, 9, à Paris

**CHAMPFLEURY**

MA TANTE

# PÉRONNE

PARIS
LIBRAIRIE ACHILLE FAURE
18, RUE DAUPHINE, 18

1867

## A MADAME CHARLES REYBAUD.

*Permettez-moi, Madame, de mettre sous votre patronage amical quelques courts récits écrits à différentes époques, suivant l'humeur du moment.*

*Ce sera certainement mon dernier volume de contes; car la Nouvelle est mal vue d'une époque où d'interminables inventions écrites, on l'a dit, en langue d'oïl, semblent avoir été composées particulièrement pour les cochers.*

*Que pouvaient devenir dans le journalisme surmené et ne croyant jamais descendre assez bas pour flatter les masses, de courts récits dont la composition équivaut quelquefois à celle d'un long roman?*

*Reviendra-t-on à ces brèves et admirables anecdotes dans le cadre desquelles Diderot sut faire entrer en quelques pages idées et passions?*

*Vous-même, Madame, avez donné d'excellents modèles dans l'art de conter, et s'il existait une criti-*

que pour les œuvres d'imagination, vos derniers récits seraient mis bien au-dessus de cette effroyable empilation de romans de dames andromanes qui, sans trêve ni merci, font couler un robinet de passions inassouvies.

La sérénité, telle est la qualité inappréciable que vous avez développée avec un art infini, et en relisant les contes renfermés dans ce volume, je les trouverais indignes de votre patronage, si votre indulgence n'en recouvrait les fautes sous le manteau de l'amitié!

CHAMPFLEURY.

Septembre 1866.

# LE CABARET

DE

# MA TANTE PÉRONNE

# LE CABARET

DE

# MA TANTE PÉRONNE.

## I

Bien heureux se regarda M. Proche le jour où il fut admis dans le restaurant de *Ma tante Péronne*, un des rares endroits où les gros estomacs et les petites bourses peuvent se satisfaire en toute liberté! Combien, depuis vingt ans, M. Proche avait-il tenté de se nourrir sainement sans y parvenir? Car c'est la pierre d'achoppement que la cuisine parisienne pour un célibataire; et on en a vu se laisser gouverner par une cuisinière, subir des exigences de bas étage, assister en victimes au grand quadrille de l'anse du panier, rien que dans l'espérance d'un consommé parfait.

M. Proche avait traversé nombre de tables d'hôte et de pensions bourgeoises sans s'acclimater dans aucune.

Au quartier Notre-Dame de Lorette, il passa pour un pingre, s'étant donné de garde de risquer ses économies dans une partie de baccarat qui succédait immédiatement au dessert.

La fumée des cigarettes qu'entre chaque plat lançaient de jeunes dames l'avait absolument scandalisé à un essai qu'il fit d'une table de la rue Neuve-Coquenard. Et ainsi il passa vingt ans à essayer des pensions du premier et du douzième arrondissement, fréquentant tour à tour les diverses tables du quartier Copeau et les abandonnant pour les restaurants en chambre des Batignolles, sans que son fonds d'observations s'enrichît par la fréquentation d'étudiants et de grisettes, de commis et d'ouvrières, de coulissiers et de gens de bourse, de vaudevillistes et de cabotins, de petits rentiers et rentières, d'ex-commandants et de personnes galantes qu'il rencontra dans ces endroits divers; mais les observations véritablement sensées vinrent de l'estomac récalcitrant de M. Proche, à savoir qu'il se refusait à mettre en jeu la machine s'il était condamné plus longtemps aux faux vins et aux fausses viandes, aux fausses volailles et aux faux poissons dont un chimiste a dévoilé les causes coupables et les désastreux effets.

Ayant une vive antipathie pour le mariage, M. Proche se voyait condamné à mourir de faim au milieu des nombreux restaurants qui répondaient à son modeste avoir; et il devenait atrabilaire, maudissant la société, maudissant l'État qui, par les modestes appointements qu'il en recevait, ne lui permettait pas de fréquenter les cabarets à la mode, où le plus modeste repas se traduit par un louis.

Ayant confié à divers de ses amis sa délicatesse de tempérament et les amertumes qu'elle entraînait, M. Proche reçut de son chef de bureau, M. Barbassionne, le conseil d'essayer du cabaret de *Ma tante Péronne*, conseil que le célibataire mit le même jour à exécution.

Au fond d'une cour du quartier Gaillon est situé l'endroit en question. Aucun étalage de comestibles ne se fait remarquer à l'extérieur. Les rideaux sont tirés soigneusement, et il faut une initiation pour pénétrer dans cette maison qui tient à la fois du restaurant, de la table d'hôte, de la pension bourgeoise, n'appartient à proprement dire à aucune de ces catégories et pourtant n'est fréquentée que par des habitués.

Une dame Péronne s'installa dans cette maison pendant trente ans, y fonda la confiance et fut entourée dès le principe d'une population de célibataires de grand appétit qui, pour prouver à l'hôtesse leur satisfaction, l'appelaient familièrement *ma tante*. Cette personne ayant acquis une aisance honorable, céda le fonds à son sommelier, qui se garda bien d'effacer le titre de *Ma tante Péronne* de la mémoire des habitués. Ce fut dans cette honorable maison qu'un soir s'introduisit M. Proche, dont les instincts de vieux garçon furent chatouillés de voir le service fait par des femmes.

Tout d'abord se présenta la doyenne des filles de service. A la façon dont elle regarda le célibataire et au gros trousseau de clefs qui clochetaient pendant sa marche, M. Proche s'aperçut que cette Élisabeth que chacun réclamait de tout côté devait occuper un poste considérable dans l'établissement.

Il n'y avait pas plus de huit tables au rez-de-chaussée; mais c'étaient gens convenables que ceux qui les occupaient, hommes frisant pour la plupart la cinquantaine, des fils d'argent rehaussant presque toutes les chevelures, sauf certains crânes polis que le gaz piquait d'une agréable touche de lumière.

Une petite brune dont les angles des lèvres retroussés vers les narines offraient quelque chose de provoquant, s'avança vers M. Proche, alors qu'il eut pris place à la table que lui avait indiquée Élisabeth.

« Nous avons aujourd'hui de l'excellente revalescière, » dit-elle.

M. Proche, qui souriait déjà aux regards de velours de celle que les habitués appelaient Zulma, ouvrit des yeux immenses à l'annonce d'un potage dont il n'avait jamais entendu parler dans ses pérégrinations à travers les restaurants de Paris.

« Léger et excellent pour la digestion, » reprit Zulma.

D'un signe de tête M. Proche accepta, heureux de faire connaissance avec un aliment dont les vertus lui étaient signalées par une si jolie bouche.

— Au moins, se dit-il la joie dans le cœur, je ne serai pas trompé. Un potage léger et excellent pour la digestion ! Aimable personne que cette brunette qui tout de suite a deviné les côtés faibles de ma constitution !

M. Proche pensa qu'il fallait récompenser par un pourboire d'au moins dix centimes la bienveillance de la petite bonne, ce pourboire semblant au célibataire tomber pour la première fois en de bonnes mains.

Plus doux que le miel de l'Hymète parut à M. Proche le potage à la revalescière : chaque cuillerée qui passait par le gosier laissait des traces onctueuses et agréables. Le célibataire avait de médiocres connaissances en anatomie, et s'il ne pouvait suivre le potage dans ses circuits à travers l'intérieur du corps, il lui semblait voir un filet d'eau qui coule dans une prairie et en alimente le tapis sans cesse verdoyant.

Rien que cette revalescière faisait apparaître la vie sous un meilleur jour, et M. Proche comprit alors le surnom familier acquis à jamais au cabaret de *Ma tante Péronne*.

Les filles de service semblèrent au sous-chef avenantes, empressées, jolies; toutes avaient des noms charmants qui s'échappaient gaiement de la bouche des habitués : *Victoire, Rosalie, Mathilde, Irène*. A cette heure, M. Proche n'eût pas fait un pas pour entrer dans le paradis de Mahomet. Être servi par des femmes avenantes n'est-il pas le rêve des célibataires exposés aux exigences des garçons de restaurant ? Rencontrer, à la place des frisures ridicules, des cravates blanches diplomatiques et des favoris en côtelette des garçons, de coquets rubans sur la tête de filles souriantes dont la vue aidait à la digestion au moins autant que l'exquise revalescière, voilà ce qui était cause que, depuis son arrivée dans cette maison propice, M. Proche avait recouvré une partie de sa gaieté d'autrefois.

Un homme entra, l'œil ardent, le nez plus ardent que l'œil.

« Monsieur Alexandre ! » s'écrièrent d'une seule voix les filles de service en allant à sa rencontre.

L'une prenait son chapeau, l'autre son paletot. Élisabeth s'emparait du cache-nez ; en effet, le nez de M. Alexandre avait besoin d'être caché, car il brillait comme une braise, — comme une fraise, ajouterait un poëte.

« Vous voilà donc, coureur, » dit d'un ton pincé la doyenne.

— Ne m'en veuillez pas, Élisabeth, j'étais accablé de dîners en ville. »

Élisabeth sourit d'une mine incrédule.

« Et vous espérez, monsieur Alexandre, guérir votre gastralgie avec des dîners en ville, s'il est vrai, toutefois, que ces invitations soient la seule cause de votre absence ?

— Ma parole, Élisabeth....

— Ne jurez pas, mauvais sujet.... Vous allez prendre un charbon ? »

A ce mot, M. Proche dressa les oreilles.

« Un demi-charbon, Élisabeth, si vous le permettez.

— Votre figure est enflammée, monsieur Alexandre ; je ne crois pas qu'un charbon soit une trop forte dose.

— Va pour un charbon, dit l'homme qui, s'étant palpé le nez pendant les admonestations d'Elisabeth, y avait reconnu les germes d'un vif foyer intérieur.

— Un fort charbon pour M. Alexandre ! » cria Élisabeth.

Des entrailles de la terre, de la mine elle-même, peut-être, on entendit résonner le cri : « Un charbon pour M. Alexandre ! »

M. Proche en était resté à la revalescière, étonné des singulières pratiques de ce restaurant. Lui aussi se retourna vers la glace, se demandant si son nez n'avait pas rougi, et quel heureux parti, en tel cas, on pouvait tirer du charbon.

Sur une assiette, Élisabeth présenta une poussière noire que l'homme au nez rouge introduisit dans un verre d'eau. Ayant suffisamment délayé la poudre, il avala sans sourciller une liqueur que M. Proche eût juré sortir des fabriques d'encre de la Petite Vertu.

M. Alexandre occupait une table voisine : sans indiscrétion le sous-chef put entendre ses confidences à Élisabeth qui, accoudée sur le dos de la chaise, se livrait à une sorte de consultation médicale. Suivant les réponses de M. Alexandre, la doyenne de temps en temps hochait la tête.

« Avez-vous mangé du homard ? » dit-elle.

Plein de remords, M. Alexandre baissa la tête.

« Vraiment, vous n'êtes pas raisonnable, monsieur Alexandre ; je me vois forcée, bien malgré moi, de vous mettre au régime.

— Un petit épinard sec pour M. Alexandre ! » cria Élisabeth.

Sous terre, l'écho répéta :

« Épinard sec, Alexandre. »

M. Proche s'étonnait de la mansuétude de l'homme au nez rouge, des récriminations d'Élisabeth. Et quand arriva la portion d'épinards qui eût pu tenir dans un dé à coudre :

« Je n'avouerai jamais ici, pensa M. Proche, que j'ai mangé du homard au dehors. »

Il ouvrait de tels yeux qu'Élisabeth, le remarquant, vint à lui.

« Monsieur Alexandre est un grand enfant, dit-elle; sans les soins de ma tante Péronne, il y a longtemps que sa gastralgie lui aurait joué un mauvais tour.

— Bonne, bonne Élisabeth! s'écria M. Alexandre; tout ce qu'elle dit est marqué au coin du dévouement.

— Que désire monsieur? demanda Élisabeth en s'adressant à M. Proche. Ne dites rien, je vois ce qu'il vous faut. Un petit poulet.

— C'est beaucoup, dit M. Proche, craignant que le poulet, malgré sa petitesse, n'entamât fortement sa bourse.

— Laissez-moi faire, reprit Élisabeth. Vous ne craignez pas les acidités? »

M. Proche se gratta l'oreille, inquiet de voir un poulet nager dans les acides.

« S'il ne se forme pas d'acidité dans votre estomac, continua Élisabeth, je joindrai au poulet quelque cresson.

— Fameux le cresson! s'écria M. Proche ravi.

— Allons, vous êtes sain, dit Élisabeth, nous n'aurons pas de peine à vous nourrir comme quelques-uns de nos messieurs. »

Le poulet fut apporté par Zulma, sous la forme d'un aileron merveilleusement rôti, et à la vue de cet aileron, la figure de M. Proche s'illumina, car l'intérieur répondait à l'extérieur. L'aileron était tout à fait appétissant.

Quelle différence avec les moitiés de poulets après les os desquels le célibataire s'était acharné si souvent dans les restaurants à prix fixe! Bêtes étiques, nageant dans une eau roussâtre, la peau collée sur les os, ridées comme des parchemins dont elles avaient la saveur. Chez *Ma tante Péronne*, M. Proche dégustait une aile de poulet véritablement dodu, et le cresson lui-même avait conservé la fraîcheur de la fontaine auprès de laquelle il fut cueilli.

« Vous avez bon appétit, je le vois, dit Élisabeth qui rôdait autour de chaque table, étudiant les impressions des habitués.

— Oh ! oui, s'écria M. Proche, les yeux excités.

— Ma tante Péronne ne demande qu'une chose à nos messieurs, de la raison et du ménagement. Une petite sole frite vous suffira aujourd'hui.

— « C'est un ange, pensa M. Proche, quand il vit au même moment l'agaçante Zulma lui servir une sole frite aussi dorée que l'eût exigé un millionnaire.

Pendant que M. Proche mangeait, Élisabeth lui demandait des nouvelles de M. Barbassionne qui, suivant elle, avait eu tort de se marier.

« M. Barbassionne, disait Élisabeth, a l'habitude de sommeiller après son dîner, ce qui est toujours désagréable pour une jeune femme. Met-il au moins de la farine de moutarde dans ses bas?

— Il ne me l'a jamais confié.

— C'est moi, reprit Élisabeth, qui avais indiqué ce remède pour rendre quelque activité au sang de M. Barbassionne; et, en effet, il était devenu plus vivace. Pourtant, au bout de deux mois, l'ingrat nous abandonnait pour épouser une jeune fille qui certainement ne s'inquiétera pas si son mari a besoin de farine de moutarde!

— Barbassionne a l'air heureux, dit M. Proche; son caractère me semble égal....

— N'importe, reprit Élisabeth, M. Barbassionne nous regrettera comme tous ceux qui ont abandonné ma tante Péronne.... Comment trouvez-vous la sole?

— Excellente, mademoiselle Élisabeth. »

Ayant terminé son repas par une compote de poires sucrée à point, M. Proche sortit du restaurant tout gaillard, léger de corps, étonné de regarder de près les jolies filles qui passaient sur le boulevard.

L'estomac lesté et garni comme avec de la ouate, le seul regret de M. Proche était de ne pas avoir connu plus tôt le cabaret de *Ma tante Péronne*. Quand il y retourna les jours suivants, la bonne opinion qu'avait le célibataire de cette cuisine bourgeoise ne fit qu'augmenter, tant les redoublements de soins continuèrent de la part d'Élisabeth et de Zulma, qui payaient d'un aimable sourire le modeste pourboire qu'elles recevaient.

N'était-ce pas la famille sans ses exigences, un nombreux domestique sans ses tromperies, mille délicatesses de cuisine sans altérations qu'à prix d'or un riche peut à peine se procurer dans son intérieur? L'endroit était bien nommé : *Ma tante Péronne!* Le souvenir de la brave dame planait au-dessus des fourneaux, et son portrait au pastel, accroché dans la salle du restaurant, était un gage de l'intérêt qu'elle portait à ses chers célibataires, presque ses parents.

II

Une nuit, M. Proche rêva de ma tante Péronne. Elle avait quitté sa mine austère, son bonnet tuyauté, pour revêtir une apparence plus agréable. Ce fut sous les traits d'une séduisante odalisque qu'apparut, coiffée d'un turban, ma tante Péronne, grasse et savoureuse comme la caille que, ce soir-là, le célibataire avait mangée à dîner.

Songe fécond en délices! L'hôtesse, sous

sa forme de houris, offrait mille séductions ; son teint était de lis, sa bouche formait la cerise. D'un tendre regard, l'ombre souriante appelait M. Proche, et l'heureux célibataire s'égarait en sa compagnie dans des bosquets élyséens.

Cette nuit-là, M. Proche connut les transports de la passion qui revêtait un aspect tendre et rose. M. Proche ressentait par tout le corps d'ineffables langueurs, et son âme se fondit tout entière dans un baiser qu'au coin d'un bosquet de myrtes ma tante Péronne lui ravissait.

Le lendemain, M. Proche donna vingt centimes de pourboire à Zulma, et cette générosité l'étonna tellement qu'il se promit d'y mettre bon ordre à l'avenir, car il n'y avait pas de raison pour que chaque jour n'augmentât la somme de telles prodigalités. Pourtant le célibataire osait à peine lever les yeux sur le pastel qui avait repris sa sévérité habituelle et semblait blâmer M. Proche des hardiesses de la nuit précédente.

Protégée par les roides tuyaux de son bonnet, ma tante Péronne semblait défier l'amoureux le plus entreprenant de les chiffonner.

Occupé à manger une excellente tarte aux pommes, l'heureux célibataire souriait en regardant le fond de son assiette. Élisabeth remarqua ce ravissement mal contenu et en fit l'observation au célibataire qui rejeta sa joie sur les jouissances que lui faisait éprouver une certaine tarte aux confitures.

Que serait-il arrivé si les habitués avaient pu se douter que M. Proche courait la nuit précédente des bocages enchantés en compagnie de ma tante Péronne ?

Les plus anciens clients de la maison étaient un ancien magistrat, M. Convenant, un rentier, M. de Lachernoise, et un être maladif, M. Quinard, lequel n'entendait pas raillerie et supportait avec impatience les gais propos de deux habitués, l'un, M. Prout, attaché à la coulisse de la

Bourse, l'autre, M. Mafflu, négociant du quartier.

Ainsi s'étaient formés divers groupes se retrouvant presque chaque jour à la même table, et, suivant que les filles de service disaient : *Monsieur* tout court, on en pouvait inférer une sorte de respect dû à la magistrature ou à l'Institut, dont quelques membres fréquentaient la maison.

Les êtres gais étaient appelés par leurs noms : Monsieur Prout, monsieur Mafflu, monsieur Malicet. Ossian, Adolphe, Alexandre, Médéric, indiquaient par l'emploi de leurs prénoms, un plus long séjour dans le restaurant.

Ossian prenait de la magnésie avant son repas, Médéric buvait de l'eau de Saint-Galmier; mais ils ne se montraient pas moins galants et empressés auprès d'Élisabeth.

Un instant M. Proche rêva de se faire appeler Casimir, de son petit nom. Sa rencontre nocturne avec ma tante Péronne lui suffit pour l'instant et il confia à l'avenir le soin de cette distinction affectueuse.

Le doux rêve nocturne ne se représentant plus, M. Proche fut amené à en chercher la signification et l'enseignement. Comment ma tante Péronne, dont le peintre avait représenté le profil anguleux et la plate poitrine, couverte d'une guimpe semblable aux vêtements de Port-Royal, était-elle devenue dans le songe une femme dont toute la personne offrait des rondeurs provoquantes? N'y avait-il pas là une association transformée idéalement par le rêve entre l'hôtelière et l'excellente caille si grasse du repas qui précéda une nuit si pleine de délices?

Pourquoi cette personne adorable habitait-elle le paradis de Mahomet? Fallait-il en conclure que M. Proche avait des instincts de sultan?

Le célibataire n'avait pensé de sa vie ni à Tanger, ni à Constantinople, ni à l'Inde, ni à la Chine.

L'utopie longtemps caressée de M. Proche fut d'arriver au grade de sous-chef au ministère de la justice, et ses aspirations réalisées, le célibataire n'était pas de ces gens aventureux qui rêvent les uns des millions, les autres de hautes dignités, ceux-ci des femmes à la mode, ceux-là des voyages lointains.

Ayant entretenu depuis sa jeunesse des correspondances avec une vieille cousine de Poitiers, dont l'héritage lui était assuré, toutes les attentions de M. Proche étaient tournées vers son estomac, dont il craignait de fatiguer les ressorts. Un large parapluie pour le garantir de la pluie, des souliers à double semelle, un émargement régulier, M. Proche ne soupçonnait pas autre chose de la vie, et voilà pourquoi l'étonna le rêve singulier où il entrevit ma tante Péronne coiffée d'un turban élégant.

A force de creuser son rêve, le célibataire, devenu psychologue sans le savoir, poussa un tel cri que le garçon de bureau entra, craignant qu'un accident ne fût arrivé au sous-chef. Une lueur étrange venait de luire tout à coup aux yeux de M. Proche, quoiqu'il étudiât en ce moment un rapport sur la mauvaise conduite des jeunes libérés.

Dans un nimbe éblouissant, au fond du cerveau du célibataire, se détachaient quatre gravures presque aussi finement coloriées que celles de la rue Saint-Jacques, à savoir : Sophie la belle Française, Anita la belle Italienne, Dolorès la belle Espagnole, et Zulma la belle sultane favorite.

*Zulma!* Ce fut un coup de foudre pour M. Proche. Un tendre coup de foudre ! Zulma avait apporté la caille sur une assiette ; le turban correspondait au nom oriental de l'image coloriée, l'image à la jolie fille de service.

Trop longtemps M. Proche avait eu devant sa table au restaurant ces yeux veloutés taillés en amandes, ces longs cils caressants. Par la singularité des rêves qui produisent autant de diversités qu'un kaléidoscope, Zulma s'était changée en ma tante Péronne.

Ainsi Zulma avait entraîné M. Proche dans des bocages enchanteurs !

Tout en se laissant griser par cette douce illusion, maintenant le célibataire osait à peine regarder la jolie servante ; c'était lui qui baissait des yeux pudiques à l'extérieur, coquins à l'intérieur. Déjà M. Proche parlait avec timidité à Élisabeth, quoiqu'elle fût d'un âge respectable ; comment se montrer, vis-à-vis de Zulma, de l'école de M. Prout, qui ne pouvait voir passer une fille de service sans lui parler à l'oreille, la faire rougir, lui pincer la taille et autres libertés sans conséquence, M. Prout étant de nature gaie ?

Lui, M. Proche était grave et réservé de caractère. Chacun de ses mots il le pesait et en arrondissait les angles avant de le passer au tamis du sérieux. Ses fonctions au ministère de la justice ne le prédisposaient pas au badinage, et la plus simple galanterie, au cas où il eût osé en adresser à une femme, lui semblait le premier chaînon d'un grave engagement.

D'ailleurs, qu'eût pensé de ces légèretés Élisabeth, qui par son âge était la duègne chargée de veiller sur la conduite des filles de ma tante Péronne?

Plus que jamais M. Proche se tint sur la réserve. C'était avec un flegme considérable qu'il donnait ses ordres à Zulma. La passion bouillonnait à l'intérieur; à l'extérieur les lèvres du célibataire se pinçaient comme s'il avait voulu empêcher sa flamme de s'échapper. Par un manége qu'emploient habituellement les amoureux, en même temps M. Proche redoublait d'attention pour Élisabeth.

Celle qu'il aimait, il la traitait froidement; celle qu'il craignait, il la traitait doucement. La pauvre fille à qui le miel eût dû être offert buvait l'absinthe.

Pour ne pas être accusé de chercher à

corrompre Zulma, dès lors M. Proche ne lui donna plus que dix centimes de pourboire. L'aimable fille ne paraissait pas s'affecter de ces froideurs et servait le sous-chef avec un dévouement semblable à celui qu'elle apportait à la table de M. Prout et de ses joyeux compagnons.

Un jour, Élisabeth se penchant familièrement sur la chaise du célibataire, s'enquit de ses goûts, de ses plaisirs, des endroits où il passait ses soirées. M. Proche avoua qu'après son dîner, il allait habituellement respirer l'air des passages et que la vue des boutiques l'intéressait assez pour le conduire sans ennui jusqu'à l'heure du coucher.

Alors, eu égard aux manières polies dont faisait preuve M. Proche depuis trois mois, Élisabeth lui confia que ma tante Péronne voulant rendre agréable à ses habitués le séjour du restaurant, avait ouvert au fond une pièce où chacun était libre, après le repas, de se livrer à des jeux pacifiques.

Pour pénétrer dans cet endroit réservé, il fallait avoir donné des gages de sociabilité, et Élisabeth, se faisant forte de l'aménité de M. Proche, lui ouvrait la porte fermée aux profanes.

Le célibataire accepta avec joie l'introduction dans ce cercle où chacun, après le repas, faisait cercle autour d'un feu petillant; mentalement il remercia ma tante Péronne de l'avoir soustrait aux intempéries des vents qui, entrant par chaque côté des passages dans lesquels le célibataire faisait habituellement sa promenade de digestion, se livraient de furieux combats d'où il était difficile de se tirer sans rhume.

La pièce était petite, chaude, éclairée à point; les habitués y parlaient à mi-voix et jouaient aux dominos avec mesure. MM. Ducellier, Quinard, Convenant, Mafflu en étaient les hôtes habituels en compagnie de M. de Lachernoise qui, debout, le dos tourné à la cheminée, se livrait à des conversations si intéressantes que plus d'une fois Élisabeth, Irène ou Zulma apparaissaient sur le coin de la porte, suspendues aux lèvres de l'orateur. Et quand après une heure de piquants récits les portes se fermaient, chacun, même l'agressif M. Quinard, se mettait au jeu, l'esprit en belle humeur.

Quelles délicieuses soirées passa M. Proche dans l'arrière-boutique de *Ma tante Péronne!* Savourant un verre de quinquina dont la maison avait le secret, M. Proche pouvait regarder à son aise et sans inquiétude la jolie Zulma, qui allait, venait, délivrée des agaceries de monsieur Prout.

Combien étaient différentes les manières de M. de Lachernoise vis-à-vis des filles de service ! Des paupières languissantes, quelque flamme encore dans un regard pâle, une touffe provoquante de cheveux sur l'oreille gauche, M. de Lachernoise n'était pas sans quelque râpe dans les habits; mais l'homme avait des restes de gentilhommerie, comme ses vêtements conservaient des traces d'élégance.

Il conquit le respect affectueux des filles de service par une sorte d'impertinence de grand seigneur qui rendait humble M. Proche et lui faisait sentir son origine bourgeoise. Prenant familièrement le menton des servantes et assaisonnant ce geste d'un compliment agréable, M. de Lachernoise pouvait se dire sans rival dans le cabaret de *Ma tante Péronne*, quoiqu'il ne dépensât pas plus de quarante sous à son dîner.

M. Proche se modela du mieux qu'il put sur M. de Lachernoise, sauf les pincements de joues des bonnes, qu'il n'osa jamais tenter ; mais, ayant étudié quelques-uns des moyens du favori de la maison, il ne manqua pas dès lors d'atténuer la modestie de son pourboire par un compliment qu'il préparait en revenant du bureau. Même le célibataire ne craignit pas de critiquer son ami, M. Barbassionne, qui lui avait ménagé un asile dans ce port secourable ; Élisabeth l'excitait dans ses rancunes, ayant reçu du célibataire la confidence qu'un jour la chatte de M. Barbassionne s'était introduite dans son chapeau et en avait gâté la coiffe.

Pas de chats, pas d'enfants, pas de femme, pas de cuisinières voleuses, pas de bonne grognon. Les douceurs du célibat sans les acrimonies du mariage, que pouvait-on rêver de mieux que le cabaret de *Ma tante Péronne?*

III

A quelque temps de là, M. Proche reçut la visite de sa cousine, Mlle Médaille, qui n'avait jamais quitté Poitiers. Elle arrivait avec un chapeau bleu à rubans jaunes, confectionné par une marchande de modes sans doute enthousiaste du plumage des perroquets ; ce chapeau, merveilleusement assorti à la face cramoisie de Mlle Médaille, offrait un mariage de jaune, de bleu et de rouge d'une harmonie particulière à la province.

Tout autre que M. Proche eût reculé à l'idée de promener ce perroquet dans un Paris gouailleur; mais, outre que les détails de toilette féminine préoccupaient médiocrement le sous-chef, l'héritage de Mlle Médaille, qui n'avait d'autres parents que le célibataire, faisait passer par-dessus ces détails.

De petite taille, M. Proche sortait avec orgueil en compagnie de Mlle Médaille, qui, grande, forte, un sang vif se jouant en toute liberté sur sa figure et ses mains, portait fièrement le chapeau perroquet auprès duquel toutes les coiffures de femmes paraissaient avoir les pâles couleurs.

Des amis de Poitiers, ayant habité Paris vingt-cinq ans auparavant, tracèrent un programme de plaisirs à la provinciale, et comme elle avait bon pied, bon œil, elle voulut l'exécuter jusqu'au bout, malgré les fatigues que lui fit envisager son cousin.

Il en est des monuments à visiter par les provinciaux comme des médecines désagréables que quelques malades s'acharnent à boire jusqu'à la dernière goutte. Mlle Médaille devait visiter d'abord toutes les églises de Paris, non point par excès de piété, mais pour amasser une forte provision de thèmes de conversation. Après les églises venaient en seconde ligne le Panthéon, la colonne Vendôme, la tour de Saint-Jacques.

M. Proche échappa à ces terribles ascensions grâce à son bureau; mais il fallut accompagner sa cousine dans un restaurant du Palais-Royal, chez un certain Manivaux, qu'un médecin de Poitiers avait recommandé à sa cliente, l'autorisant à se servir de son nom pour être merveilleusement traitée.

Quoi que dît M. Proche, Mlle Médaille ne voulait pas prendre de repas ailleurs que chez Manivaux, où, suivant le docteur Postel, on était servi comme en famille.

Le garçon de restaurant qui reçut Mlle Médaille, ne put retenir un sourire à la vue du chapeau voyant, quoiqu'il fût accoutumé à plus d'une coiffure de province; mais celle-là semblait sortie des ateliers d'une marchande de modes qui aurait habité la lisière d'une forêt vierge.

Sans songer à l'effet qu'elle produisait, Mlle Médaille remarqua avec plaisir que dans le restaurant étaient rassemblés près de quatre cents dîneurs, et elle fit cette réflexion, qu'un si grand nombre de gens prouvait la bonté de la cuisine.

Le garçon ayant demandé à Mlle Médaille quel potage elle désirait, la vieille fille déclara s'en rapporter au goût de M. Manivaux.

« Quel Manivaux ? demanda le garçon étonné.

— M. Manivaux, l'ami du docteur Postel. »

A la figure ahurie du garçon, M. Proche s'aperçut qu'il ne comprenait pas ce que lui demandait Mlle Médaille; en effet, le garçon disparut, laissant les convives sans potage.

Ce détail inquiéta médiocrement la vieille fille, occupée à dévisager tous les convives et retrouvant sur la plupart des traits de chacun d'eux quelques points de ressemblance avec ses connaissances de Poitiers. Suivant elle, la dame du comptoir avait de faux airs de la vicomtesse de Marescaille. Un bourgeois étant entré donnant la main à deux petits enfants, Mlle Médaille s'étonna de voir le juge de paix de Poitiers, un vieux garçon, promener des enfants illégitimes, quand ce magistrat jouissait dans la ville d'une réputation de chasteté; plus tard pourtant elle voulut bien accorder un verdict d'innocence au juge de paix de Poitiers qui, pour son malheur, portait des lunettes d'or comme l'honorable père de famille qui venait d'entrer.

Ces constatations de ressemblances avec des gens qu'il n'avait jamais vus intéressaient faiblement M. Proche. A cette heure, il pensait au chapon au gros sel que le samedi il avait coutume de manger chez ma tante Péronne et il ne voyait sur la carte ni sur la table de ses voisins aucun mets qui pût lui apporter quelque consolation.

Le garçon étant revenu annonça avec une figure dolente que M. Manivaux serait bien fâché de ne pouvoir accepter les compliments de Mlle Médaille, par la raison qu'il était mort depuis vingt ans. Ce qui chagrina la vieille fille, qui marchait de désillusions en désillusions depuis son arrivée.

Elle avait eu l'intention formelle de s'installer rue des Prouvaires, dans un hôtel recommandé, où elle devait être reçue par des compatriotes. L'hôtel du Poitou était démoli depuis dix ans et le cocher l'avait fait rouler pendant deux heures à sa recherche avec force jurons. Maintenant, un honorable négociant qui, suivant le docteur Postel, devait la traiter comme sa parente, lui servir des plats fins, des vins de choix et des croquettes de riz particulièrement recommandées, le tout moyennant 2 francs par tête, était décédé depuis vingt ans !

Mlle Médaille entrevit Paris sous un jour

sombre et ne s'étonna pas qu'étant montée ce jour-là au Panthéon, elle n'avait pu distinguer aucun point de vue, une sorte de crêpe funèbre étant jeté sur l'horizon de cette ville trop vantée.

Quand, après de nombreux appels, les deux cousins obtinrent quelques rogatons mous comme lavette, flottant dans une eau roussâtre, Mlle Médaille comprit le vide qu'avait laissé feu Manivaux dans l'établissement, et elle se promit de n'y plus mettre les pieds.

Ayant aperçu de la fenêtre donnant sur le jardin l'enseigne d'un certain Grosselin, qui non loin de là offrait aux consommateurs des repas à cinquante sous, elle résolut d'essayer de ce restaurant. Décidée à faire des sacrifices, Mlle Médaille n'hésita pas à grever son budget.

— Quand on vide sa bourse, disait-elle, l'estomac se remplit.

M. Proche ne montrait pas un vif enthousiasme pour le restaurant Grosselin; mais la provinciale était entêtée. Elle se rappelait avoir entendu parler au secrétaire de la mairie de Poitiers de ces dîners à cinquante sous comme d'un trait d'union entre les restaurants de second ordre et les Frères Provençaux, et elle était bien aise d'en juger par elle-même.

— Les *domestiques*, dit-elle à M. Proche, ne savent à qui répondre dans ces maisons. Chacun les harcèle en même temps; se peut-il qu'ils retiennent tous les plats demandés?

Et comme elle avait été frappée du cri mélancolique : *il n'y en a plus*, sorti de la bouche des garçons, Mlle Médaille se dit qu'à l'avenir le domestique lui apporterait ce qu'il voudrait; étant sans cesse en communication avec les fourneaux, il la servirait comme une reine, au cas où on lui promettrait « *la pièce*. »

Radieuse de son invention, elle entra résolûment dans le restaurant Grosselin et fut reçue par un garçon tellement empressé qu'il semblait un danseur de profession. Secouer les nappes, changer de couverts, semblait pour lui un divertissement plus encore qu'une besogne ; à chaque geste il répétait : *chaud! chaud!* comme pour s'exciter encore à la besogne.

Cet homme alerte ayant demandé quel potage il servirait :

« Celui que vous voudrez, dit Mlle Médaille, ravie de son moyen.

— Julienne, riz, vermicelle, croûte au pot, potage maigre, gras, printanier, reprit le garçon avec une extrême volubilité.

— *Monsieur*, j'accepterai la « *soupe* » que vous jugerez la meilleure.

— Chaud! chaud! » s'écria le garçon en s'envolant.

Presque aussitôt il reparut avec de petits bols contenant de pâles lanières de carottes.

« Voilà un domestique alerte, dit Mlle Médaille; nous en manquons à Poitiers de cette espèce.

— La vivacité du garçon, hasarda M. Proche, ne rend pas son potage meilleur.

— Vous êtes difficile, mon cousin, dit Mlle Médaille qui, avec confiance, avala une grande cuillerée de ce potage printanier.

— Il manque un peu de sel cependant, ajouta-t-elle.

— Je croirais plutôt, dit M. Proche, que le beurre fait défaut. »

Ayant demandé un beurre au garçon :

« Un beurre supplément, chaud ! chaud ! » reprit celui-ci en apportant sur une soucoupe une rondelle de l'épaisseur d'une feuille de papier. Sur cette rondelle se détachaient en relief un agneau et une bergère d'une bonne exécution.

« Acceptez la moitié de mon beurre, mon cousin, » dit Mlle Médaille.

Longtemps M. Proche se défendit de rogner la rondelle, déjà exiguë.

« Allons, prenez la brebis, » dit Mlle Médaille en découpant en deux parts le bas-relief de beurre qu'elle introduisit dans le bol de M. Proche et qui s'évanouit aussitôt comme par enchantement. Ce supplément de beurre n'ajouta pas de corps au potage printanier; elle-même, Mlle Médaille reconnut la légitimité des plaintes de son cousin.

Pour se remettre en goût après ce mince potage, Mlle Médaille invita son cousin à boire le « *coup du notaire* » qui est un doigt de vin pur ; mais le notaire qui eût commencé ses fonctions par une telle rasade eût été incapable de rédiger un acte de la journée. Le vin des caves Grosselin, à la fois plat, âcre, sans autre saveur que celui de l'alun, nécessita encore la demande d'un vin de supplément que le merveilleux garçon déboucha avec l'adresse d'un singe.

La cuisine était exécrable, mais l'officieux personnage qui représentait la maison apportait tant de zèle dans son service, qu'il fermait la bouche à tous les plaignants. Pourtant Mlle Médaille garda pour elle la *pièce* qu'elle lui réservait, les frais de ce faible repas ayant dépassé du double les promesses de l'*affiche*.

« Il est fort difficile de se nourrir dans votre Paris, » dit Mlle Médaille à M. Proche, qui, intérieurement, n'acceptait pas ces récriminations.

Cependant, comme il ne fallait pas mécontenter une cousine à héritage, le sous-chef offrit à Mlle Médaille pour le lendemain un repas plus substantiel.

« Non, mon cousin, lui dit celle-ci ; je m'y connais. En cherchant je trouverai un bon endroit où nous ne payerons pas les dorures de l'établissement. »

Suivant l'habitude des provinciaux de la vieille roche, Mlle Médaille donna rendez-vous à M. Proche en face du bassin du Palais-Royal ; et l'entraînant mystérieusement dans une des galeries obscures qui mène à la place des Fontaines :

« Voilà un restaurant de peu d'apparence, dit-elle ; cependant nous devons y bien dîner ou je ne m'y connais pas. »

Cette fois il s'agissait d'un repas à vingt-huit sous, « le café compris. » A la porte une pancarte alléchante énumérait les surprises culinaires qui attendaient les clients. M. Proche, résigné, suivit mélancoliquement sa cousine dans cet endroit sombre, humide et bas, dont les dorures ne pouvaient être prises sur l'argent des consommateurs, car le papier déloqueté pendait aux murailles, et une autre que Mlle Médaille eût fermé la porte aussi vivement qu'elle l'avait ouverte, en voyant ce restaurant désert.

Une femme maigre était au comptoir pendant qu'à grands pas se promenait dans les « *Salons de la Modestie* » (telle était l'enseigne) un homme qui avait la mine d'un cabotin.

Le potage était plus déplorable s'il est possible que ceux de la maison Manivaux et du restaurant Grosselin, et Mlle Médaille ne put s'empêcher de s'écrier :

« L'épouvantable soupe !

— Ma cousine, dit M. Proche, contentons-nous des mets les plus simples.

— Donnez-nous, ajouta Mlle Médaille, ce que vous avez de plus présentable.

— Nous avons une forte partie de vol-au-vent, dit le chef.

— Un vol-au-vent, c'est une idée, s'écria M. Proche alléché.

— Si ce que vous appelez vol-au-vent rappelle ce que nous nommons *tourte* à Poitiers, dit Mlle Médaille, c'est un plat exquis.

— Un vol-au-vent à la financière est parfait, reprit M. Proche.

— Vol-au-vent finance, peuh! s'écria avec dédain le maître des salons de la Modestie. Nous avons mieux à vous offrir : le vol-au-vent de juge.

— Les magistrats sont gourmets, dit M. Proche; un vol-au-vent de juge doit être savoureux....

— C'est singulier, disait Mlle Médaille, le *Parfait Cuisinier* ne mentionne pas cette nature de vol-au-vent. »

Le chef réapparut portant un vol-au-vent considérable.

« Maintenant je comprends, dit Mlle Médaille; la croûte a la forme d'un bonnet de magistrat.

— Il y a suffisamment à manger pour trois personnes, s'écria M. Proche. »

En effet, Mlle Médaille tirait des entrailles du vol-au-vent une certaine cargaison de boulettes, de crêtes de coqs, d'olives et de morilles.

« A la bonne heure, s'écria Mlle Médaille. Voilà un plat avantageux. Si j'avais du papier, je mettrais bien quelque chose dans ma poche pour déjeuner demain. »

Ayant appelé le maître de l'établissement :

« Avez-vous un journal? dit-elle.

— Avec un fameux assassinat…. Les scélérats seront condamnés à la peine capitale.

— Madame ne vous demande pas le journal du soir, dit M. Proche. Elle désirerait simplement un morceau de papier….

— Pour envelopper les excellentes choses

qui sont incluses dans le vol-au-vent de juge, dit le chef Nous connaissons ça.... Madame, ne vous fiez pas aux apparences : au fond du vol-au-vent est une énorme carcasse de dinde qui remplit plus des trois quarts de cette pâtisserie.... Je ferais vite faillite si je bourrais le vol-au-vent de juge des trésors que vous espériez introduire dans un cornet ; mais je ne suis pas idiot à ce point.... Voulez-vous toujours du papier ?

— Merci, monsieur ! » dit d'un ton sec Mlle Médaille, que ce cynisme révoltait.

Pendant cette discussion, M. Proche débarrassait l'intérieur du vol-au-vent des boulettes de mie de pain saucées et des languettes de veau qui, découpées, étaient chargées de figurer les crêtes de coqs, morilles et autres agréments habituels.

Tout en dégustant le vol-au-vent :

« Ma cousine, vous pourriez toujours, dit M. Proche, mettre un morceau de croûte dans votre poche.

— La croûte dans la poche ! » répéta un

écho sardonique qui troubla les deux dîneurs.

Ils se retournèrent. Derrière eux, le patron disait froidement :

« La croûte du vol-au-vent est un composé de drap foulé, de baleines et de velours. »

Mlle Médaille était atterrée.

« Nous appelons vol-au-vent de juge, continua le chef avec impassibilité, un vol-au-vent fait avec un véritable bonnet de magistrat. Par un traité spécial avec les chapeliers de la place du Palais-de-Justice, qui me cèdent leurs vieux fonds de magasin, je suis arrivé, en recouvrant les toques de pâte, à ces apparences dorées qui sont l'enseigne de la bonne pâtisserie. »

Ce fut une consternation pour Mlle Médaille et M. Proche d'entendre le discours de ce gargotier en délire.

L'homme était-il fou? On pouvait le croire à sa pantomime exagérée, à ses gestes excessifs.

Mlle Médaille, ne se sentant pas en sûreté

dans cette maison, se leva pourpre de colère. Elle et son cousin étaient en proie à une stupeur considérable.

Avoir mangé de la toque d'un magistrat est un de ces événements qu'on n'oublie pas et qui laissent à toujours d'étranges nausées.

Au moment où Mlle Médaille renouait les rubans de sa capote :

« Pas de dessert ! s'écria le chef.... Un petit bondon raffiné ?

— Non, non, pas de dessert, dit M. Proche.

— N'oubliez pas le garçon, » eut l'effronterie de demander l'excentrique cuisinier qui, avec ses longues jambes, son crâne fuyant, son toupet roux, représentait, aux yeux de Mlle Médaille, le plus hideux macaque qu'elle eût rencontré de sa vie.

M. Proche, ayant lancé un regard de mépris à l'affreux inventeur du vol-au-vent de juge, sortit du restaurant de la Modestie, soutenant Mlle Médaille qui, la figure injectée de sang, les veines gonflées, ne pensait qu'à rentrer chez elle pour faire couler par de larges infusions de thé les fragments de toque frite qui pesaient sur son estomac.

IV

M. Proche passa une mauvaise nuit, craignant par-dessus tout que Mlle Médaille ne quittât immédiatement Paris. Le sous-chef avait compté toute sa vie sur l'héritage de sa cousine, et la froide séparation des deux cousins à la suite de l'horrible festin de la Modestie n'était pas de nature à remettre l'estomac de M. Proche qui, pendant son insomnie, absorba près de douze tasses des quatre fleurs.

Pour la première fois, l'employé alla s'inquiéter le matin des nouvelles de Mlle Médaille; une voiture à la porte, il lui offrait le séduisant programme de monter à l'Arc de l'Étoile, et de terminer la journée par une ascension à la colonne Vendôme.

Malgré l'allèchement de ces promesses, la provinciale resta froide et sèche. Suivant elle, M. Proche devait porter le poids du vol-au-vent de juge. Les femmes sont merveilleuses pour inventer des accusations quand elles se sentent en faute. M. Proche, atterré, en perdit la parole et n'osa plus regarder sa cousine en face, tant il craignait la mauvaise humeur accumulée sur les traits de la provinciale.

Ainsi quinze ans de correspondances, de compliments, de flatteries, d'envois de petits cadeaux, étaient perdus par un dîner dont M. Proche n'était guère coupable, lui qui avait sondé tous les mystères de la cuisine parisienne, et, habile nautonier, avait réussi à protéger le vaisseau de son estomac dans le port bâti par ma tante Péronne.

Ce jour-là, M. Proche ressentit les tortures qu'engendrent les serpents de l'ingratitude. Lui aussi n'avait-il pas pris sa part de ce vol-au-vent qui lui pesait plus que si, tombé au pouvoir d'une horde d'anthropophages, il eût été obligé de manger un morceau de Mlle Médaille elle-même. Son estomac, qu'il entourait de tant de soins, n'était-il pas ravagé pour un mois au moins? N'allait-il pas être forcé de choisir entre l'eau de la Grande Grille ou la graine de moutarde blanche, car il constatait intérieurement un échauffement général produit depuis huit jours par les nourritures malsaines des restaurants à prix fixe? Qui lui poserait des cataplasmes émollients, qui lui préparerait d'onctueux lavements?

Vraiment Mlle Médaille ne songeait pas combien exige de précautions le corps chétif d'un célibataire; avait-elle raison de se plaindre, elle que la nature avait douée de couleurs de pivoine qui témoignaient de la richesse de son tempérament? Telles étaient les amères réflexions qui germaient dans l'esprit de M. Proche.

Plus il s'inquiétait de ses maux, plus il accusait sa cousine d'injustice; mais la question d'héritage faisant passer par-dessus ces misères, M. Proche se dit qu'il fallait faire contre fortune bon cœur, et l'idée lui vint d'emmener Mlle Médaille chez *Ma tante Péronne*, où l'appelait particulièrement une certaine eau des Carmes qui était le meilleur digestif après le repas.

« Ma cousine, dit-il, avant votre départ, je veux, si vous le permettez, vous faire goûter d'une excellente nourriture de famille. »

Alors il vanta l'honnêteté culinaire de la maison Péronne, combien on aurait de soins pour l'agneau qui rentrerait au bercail, surtout quand cet agneau amenait une brebis de compagnie.

Ce tableau était puisé aux sources d'une

si attrayante réalité, que la lèvre inférieure de Mlle Médaille qui, depuis le matin, renfrognée, se tenait à cheval sur la lèvre supérieure, redescendit à sa place habituelle et chassa de sa bouche les plis maussades qui avaient envahi jusqu'à la racine du nez. En ce moment, dans chacune des lignes de la physionomie de Mlle Médaille pouvait s'épeler lisiblement le mot : *Héritage*.

Celui qui, tout enfant, a quitté son pays natal et revoit plus tard la maison de ses aïeux n'est pas plus ému que M. Proche en reprenant le chemin du cabaret de *Ma tante Péronne*. Il pensait à Élisabeth, à la jolie Zulma, au portrait au pastel, à tous les habitués qui ne manqueraient pas de lui faire des reproches amicaux sur sa disparition de quelques jours. De temps en temps le sous-chef se souriait à lui-même, échappant enfin à la terrible obsession du vol-au-vent de juge.

Les deux cousins arrivèrent à la porte que l'employé ouvrit d'abord.

« M. Proche! » s'écria Elisabeth.

Et son trousseau de clefs sautilla gaiement comme les cloches à l'arrivée d'un souverain dans une ville amie.

Mais M. Proche ne répondit pas tout d'abord, étant poliment rentré dans la cour pour donner passage à Mlle Médaille.

Ce ne fut pas une entrée, ce fut un tableau. Tous les dîneurs levèrent la tête curieusement.

M. Proche souhaita successivement le bonjour à chacun des convives qui, ayant à peine répondu d'un petit signe de tête, se replongèrent dans leurs assiettes.

A l'ordinaire, quand un habitué de fondation entrait, chacun se serrait pour faire place au nouvel arrivant. Ce jour-là, personne ne bougea; au contraire, la plupart des dîneurs firent le gros dos, s'élargirent pour ainsi dire, et M. Proche resta au milieu du cabaret, indécis, n'osant prier les convives de lui faire place, car en ce moment il existait un tel cliquetis de fourchettes, qu'on eût juré que ces affamés n'avaient mangé d'un mois.

« Où pourrions-nous nous placer? » demanda M. Proche à Élisabeth qui, froide et pleine de dignité, se tenait en face de lui.

D'un signe, Élisabeth montra au sous-chef une petite table près de la porte.

Jamais M. Proche n'avait remarqué d'autre dîneur à cette table, qui n'était guère plus large qu'une guérite, qu'un étranger qui par hasard entrait dans la maison, et il se demandait comment l'énorme Mlle Médaille tiendrait à cette table de poupée, d'autant plus désagréable qu'elle était exposée à tous les vents.

A force de tassements, Mlle Médaille s'y logea; mais M. Proche voyait bien que lui serait obligé de manger sur ses genoux.

Dès son entrée dans le restaurant, Mlle Médaille jeta des regards à la fois curieux et inquiets

Ce petit endroit, sans apparence et sans

garçons, l'étonnait. Empoisonnée depuis huit jours dans des restaurants d'apparence brillante, en en exceptant toutefois l'horrible gargote de *la Modestie*, elle se demandait dans quel cabaret de bas étage l'avait emmenée son cousin, et elle n'était pas éloignée de prendre tous les dîneurs pour des cochers de fiacre affamés.

Mlle Médaille regardait les habitués et les habitués la regardaient. Entre chaque bouchée se coulaient des regards observateurs mis en émoi par le chapeau bleu à rubans jaunes tel qu'on n'en avait jamais entrevu chez *Ma tante Péronne*. De côté et d'autre, les croisements de regards étaient singuliers; mais M. Proche s'inquiétait surtout de ceux de sa cousine.

Irène apparut sur le seuil de la cuisine; interpellée par M. Malicet qui lui demandait un salsifis frit, en ajoutant : « *Bien rissolé, ma chère Irène!* » M. Proche remarqua le singulier clignement d'yeux de Mlle Médaille.

N'était-ce pas une faute que d'avoir introduit chez *Ma tante Péronne* sa rigoriste cousine, une sorte de protestante de Poitiers. Non pas que Mlle Médaille appartînt à la religion réformée ; au contraire, elle faisait partie de l'Association des Bonnes-OEuvres et eût lapidé volontiers un hérétique ; mais il y a dans la rigidité des vieilles filles de province quelque chose de glacial, de sec, qui sent le protestantisme génevois.

Or l'arrivée de la jolie Zulma, de l'aimable Irène, de la douce Mathilde, pouvait faire croire à quelques galanteries en dehors du service, et la confirmation en était dans la présence à l'établissement de cette collection de vieux garçons.

« Mademoiselle Élisabeth, je vous prie, » cria M. Proche, appelant la doyenne des filles de service avec un son de voix particulier pour éviter que Zulma ne vînt, comme d'habitude, dresser son couvert.

Élisabeth vint, les yeux baissés, comme seuls savent s'en servir les chats et les femmes. Sous ses paupières abattues, étaient tapis non pas un, mais dix mille de ces regards qui n'oublient guère plus un détail de physionomie qu'un caporal n'oublie un bouton terni sur l'uniforme d'une recrue.

« Qu'avez-vous à nous donner, mademoiselle Elisabeth? » demanda M. Proche.

Grave, sérieuse et sévère, Élisabeth répondit :

« Des navets !

— Des navets ! » s'écria Mlle Médaille.

Un voile passa sur les yeux de M. Proche.

« Des navets ! » reprit-il anxieux.

Autour de chaque table des habitués on entendit chuchoter sur différents tons :

« Des navets ! »

Puis un silence glacial se fit dans l'établissement.

« Et en fait de viande? demanda M. Proche.

— Nous n'avons plus de viande, » dit sèchement Élisabeth.

En ce moment, Irène arrivait de la cuisine avec un énorme gigot qu'elle alla poser devant M. de Marescaille, suivant la coutume, qui était de permettre aux habitués de tailler eux-mêmes les morceaux les plus juteux de cette exquise pièce de mouton.

« Et ce gigot? demanda M. Proche.

— Il est retenu tout entier par *nos* messieurs, » dit Élisabeth.

M. Proche ne faisait-il pas partie habituellement de *ces* messieurs, la gloire et l'orgueil du restaurant de *Ma tante Péronne*!

Tout en réfléchissant à un si singulier accueil, le sous-chef, qui ne quittait pas des yeux le gigot, constatait que chacun en ayant taillé une large part, il restait encore aux alentours du manche de savoureuses adhérences, qui n'avaient sans doute pas le fondant onctueux du milieu, mais qui certainement participaient de l'extrême tendresse de ce beau morceau de viande.

« Des navets me semblent bien maigres,

mademoiselle Élisabeth, dit M. Proche d'un ton suppliant. Auriez-vous l'extrême bonté de nous faire servir deux douzaines d'huîtres.

— Je suis fâchée, reprit Élisabeth, avec le son de voix dont elle eût dit je suis ravie, l'écaillère est malade.

— Suis-je visionnaire, pensa M. Proche, qui avait vu sous l'auvent de la porte d'entrée la grosse écaillère livrée à ses fonctions habituelles.

— Il me semble, dit Mlle Médaille, que l'inanition rendait pourpre, qu'on ne peut manger dans cet endroit.

— C'est toujours ainsi à sept heures du soir, dit M. Proche; je ne croyais pas l'heure si avancée. »

La vérité est que la plupart des habitués ayant satisfait leur appétit, regardaient les deux cousins avec une vive curiosité, les uns le cure-dents dans la bouche, les autres la main dans le gousset du gilet; ceux-ci avec des yeux effarés, ceux-là avec des bouches fendues jusqu'aux oreilles, en signe de gaieté absolue.

Sur le pas qui conduit à la cuisine, Zulma faisait montre d'une pitié railleuse ; mais le portrait de Ma tante Péronne avait ce jour-là quelque chose de particulièrement sévère, et les tuyaux du bonnet étaient si menaçants, que M. Proche osait à peine lever les yeux sur le pastel.

La situation de minute en minute se tendait tellement, que le chef de bureau fit un dernier effort près d'Élisabeth.

« Vous avez bien quelques légumes du jour ?

— Pas de lentilles, dit-elle haut avec un intervalle entre chaque mot ; pas de petits pois, pas d'asperges, pas de pommes de terre, pas de choux-fleurs ; maintenant, choisissez. »

Ce dernier trait fit retomber la tête de M. Proche sur sa poitrine, surtout quand il entendit les rires étouffés des convives.

A cette heure, Mlle Médaille prenait des teintes de brochet vorace.

M. Proche, effrayé, tenta de se retrancher derrière les côtelettes.

« Nous avions, dit Élisabeth, la côte nature, la côte cresson, la côte pommes; mais, pour le moment, il ne nous reste rien....

— Que la cote de la Bourse, » s'écria le plaisant M. Prout.

Ce mot fit lever de table Mlle Médaille comme si elle avait reçu un coup de fouet.

« Je vous quitte, *monsieur*, » dit-elle en s'adressant à son cousin.

M. Proche se leva, plus encore pour veiller au salut de la succession qu'à celui de Mlle Médaille; mais pendant le trajet du restaurant à l'hôtel, la provinciale ne souffla mot. Étant arrivée à sa porte :

« Monsieur, dit-elle avec une voix de vinaigre, vous comprendrez que je n'ai pas l'habitude de me commettre avec des filles de mauvaises mœurs. »

Et elle ferma la porte de l'hôtel au nez

de son cousin qui, le lendemain, voulant tenter de se justifier, trouva sa cousine partie pour Poitiers, ayant chargé de malédictions une ville où tout lui avait été déconvenues.

V

Dans quel accablement tomba M. Proche !
Toute sa vie il avait compté sur une succession qui, à cette heure, s'envolait par le fait de Ma tante Péronne.

Le sous-chef, dans l'irritation qui succéda à l'anéantissement, résolut de se plaindre sévèrement à Elisabeth de la mauvaise réception qu'elle avait faite à une personne que lui, Proche, amenait dans une maison qu'il jugeait hospitalière. Lui, un habitué, lui présenté par son ami Barbassionne, lui de rapports si faciles, lui qui confiait ses petits secrets à Élisabeth !

Ah ! il en avait gros sur le cœur d'amertumes, et il fallait se décharger de ces rancunes !

Pour le principe Élisabeth devait recevoir une sévère leçon.

La tête haute, brandissant son parapluie que d'habitude il portait sous le bras, M. Proche se dirigea vers le restaurant de *Ma tante Péronne*.

La bouche frémissante, les sourcils tendus, le menton hostile, le sous-chef ouvrit brusquement la porte.

Élisabeth était au milieu du restaurant.

« Vous êtes seul aujourd'hui, monsieur ? » dit-elle.

A la façon dont Élisabeth prononça le mot *seul*, M. Proche eut froid au cœur. Il arrivait en accusateur, il devint plus timide qu'un accusé.

En ce moment, le sous-chef envisagea l'étendue de sa faute. Le premier, peut-être, il avait introduit une femme dans l'établissement.

Une femme dans le restaurant de *Ma tante Péronne !*

D'une voix timide, M. Proche balbutia que Mlle Médaille était sa cousine.

« Votre cousine ! s'écria Élisabeth ; nous les connaissons ces cousines-là ! »

M. Proche n'était plus assis sur une chaise, mais sur une sellette.

« Quand on a des intrigues, monsieur, reprit froidement Élisabeth, on ne les étale pas en public. »

M. Proche était anéanti. Il aurait voulu crier : « De grâce, Élisabeth, épargnez-moi. »

« Vous auriez dû vous informer, monsieur, en venant ici, qu'on n'y recevait pas de *demoiselles*. Demandez à M. Barbassionne, qui lui-même, par sa vie désordonnée, est obligé de se réchauffer les extrémités avec de la graine de moutarde, s'il eût osé introduire chez nous une personne de mœurs douteuses.... Ah ! elle avait un joli chapeau, votre bien-aimée ! Vous le lui aurez acheté, sans doute, au Temple.... »

M. Proche baissait la tête.

« Vous voyez bien, monsieur, continua Élisabeth, que vous ne trouvez pas un mot de justification. Vous avez compromis un établissement honorable qui ne spécule pas sur la bourse de ceux qui veulent honnêtement s'y conduire.... »

Un silence absolu régna dans le restaurant. Personne ne parlait, personne n'osait se regarder.

Assise au comptoir, sous le portrait de *Ma tante Péronne*, Élisabeth prenait des teintes de procureur impérial.

De grosses gouttes de sueur tombaient du front de l'accusé sur le marbre de la table à laquelle il ne devait plus s'asseoir.

Par un effort suprême, pâle, défait, la tête basse, M. Proche se décida à sortir.

Et longtemps après cette aventure les habitués frissonnaient encore d'une telle leçon.

# LA CINQUANTAINE

# LA CINQUANTAINE.

## I

Quand le soleil couchant darde ses rayons sur les fenêtres du château de Blanzy, c'est un heureux présage pour le voyageur désespérant d'arriver au bout des longues routes droites qui s'arrêtent seulement au village.

Un château appuyé sur le versant d'une petite montagne, des sentes sinueuses serpentant capricieusement à travers des massifs de feuillage et conduisant à une grille de fer curieusement ouvragée, tel est d'abord le premier point qui arrête le regard ; mais bientôt se dessinent les toits de brique mêlés à l'ardoise des maisons du village qui forment groupe autour du château et donnent l'idée d'une heureuse population active et vouée à la culture, tant les champs voisins sont entretenus avec soin, les prairies plantureuses, les cours d'eau clairs et riants.

Heureux pays si les propriétaires du château eussent habité ces appartements fermés depuis de longues années !

Un châtelain intelligent est la fortune d'un village, et quoique le paysan, devenu maître à son tour, cultive pour son compte un lopin de terre longtemps rêvé, il est plus d'une contrée où il parle encore avec respect du *seigneur*.

Depuis plus de quarante ans, le village de Blanzy avait un château et pas de châtelain, et les constructions antérieures, dues à un des plus habiles architectes d'avant la

Révolution, se ressentaient de cet abandon. Un intendant gérait la propriété; mais on ne voyait dans les cours ni hôtes, ni invités, ni nombreux domestiques. Les écuries étaient fermées et les chenils muets. De grands volets fermés paralysaient les détails d'une jolie architecture dont la façade a besoin de trouées transparentes. Le grand escalier double qui serpente au devant du principal corps de bâtiment n'était plus avivé par ces fleurs brillantes que semblaient implorer de grands vases étagés à chaque marche.

Sous la grande avenue de peupliers, qui de la grille conduit à la cour d'honneur, ne se promenaient plus les femmes élégantes, témoins du mariage de la marquise de la Bréjolière.

Une partie de la montagne appartient au marquis, qui l'avait affermée à divers vignerons de Blanzy; maintenant c'était un homme d'affaires, froid, chargé de toucher les fermages, et que rien ne pouvait émouvoir en cas de mauvaise récolte.

Les jeunes filles écoutaient non sans regrets les récits des anciens qui avaient connu Mme de la Bréjolière blonde, charmante, presque une enfant lors de son mariage, car son absence avait empêché les plus coquettes du village d'aller tâter de Paris, en qualité de femme de chambre de la marquise.

Il en était des garçons comme des filles. Combien auraient pu tenter la fortune, attachés au seigneur, qui étaient restés manœuvres ou garçons de ferme dans le village !

Aussi quelle fut la joie des gens de Blanzy quand l'intendant annonça que bientôt M. et Mme de la Bréjolière allaient habiter le château, non pas l'été seulement, mais toute l'année. Chacun entrevit cette arrivée à sa manière. Le pays ne cesserait plus d'être en fête; les vieux murs du châ-

teau résonneraient aux sons de la musique ;
il y aurait de grandes chasses à courre,
des spectacles en automne, et plus d'une
fille rêva que le marquis lui pinçait les
joues.

Mais quand M. et Mme de la Bréjolière
descendirent d'une berline de forme ancienne, la désillusion fut au comble. C'étaient deux vieillards. Les paysans n'avaient
pu s'imaginer que des la Bréjolière pussent
vieillir, et les anciens du pays qui avaient
assisté dans leur jeunesse au mariage des
châtelains conservaient, singulier effet des
grandeurs, l'illusion d'un marquis et d'une
marquise toujours jeunes.

On se dit que les bals, les spectacles et
les chasses couraient grand risque d'être
supprimés, et l'opinion générale fut que,
seul, le curé de Blanzy aurait quelque influence au château. En effet, empressé et
rayonnant, il se trouvait à l'arrivée des
châtelains, et l'honnête curé eut l'honneur d'offrir sa main à Mme de la Bré-

jolière pour l'aider à descendre de voiture.

Le costume de la marquise indiquait une femme détachée des plaisirs du monde, non pas que Mme de la Bréjolière s'habillât avec le jansénisme des vieilles douairières ; mais qui dépasse la soixantaine impunément ? Pourtant les yeux de la marquise avaient conservé un rayon charmant, et comme les paysans s'empressaient autour d'elle en criant : « Vive madame la marquise ! » elle gagna tout d'abord les cœurs par un « Merci, mes enfants » d'un timbre si frais, qu'on eût juré qu'une jeune fille de quinze ans avait répondu pour sa grand'mère.

Le marquis, malgré ses soixante-douze ans, se tenait droit appuyé sur sa canne ; mais l'âge des deux châtelains n'en dérangea pas moins l'éloquence du curé, qui, trompé par le rapport des gens du village, avait préparé un discours sur la vie que l'arrivée du marquis et de la marquise allait communiquer à tout le pays. Et comme les deux époux n'étaient plus d'âge à entendre un discours officiel sans être commodément assis, le curé le garda pour une occasion meilleure.

Malgré la désillusion du premier moment, l'entrée à Blanzy de M. et Mme la marquise de la Bréjolière fut accueillie avec joie. Les deux époux avaient vieilli heureusement, cela se lisait sur leur physionomie, et rien n'annonçait les aigreurs de caractère que l'âge amène trop souvent. Les fermiers qui approchèrent du marquis vantèrent son affabilité, et le curé répandit dans tout le canton, dont il était le doyen, le bruit des intentions charitables de la marquise, qui, tout d'abord, s'était enquise des pauvres de la contrée.

Cependant le curé garda pour lui certaines inquiétudes qui résultaient d'une conversation où la marquise manifesta quelques teintes de scepticisme. Mme de la Bréjolière avait annoncé au doyen que son âge ne lui permettait guère d'aller aux offices, qu'elle avait une religion intérieure, non de pratique, mais de cœur.

« Il est des accommodements avec le ciel, dit-elle ; j'espère qu'il en sera de même avec les saints. »

Le curé ne jugea pas à propos de combattre tout d'abord les idées de la marquise, insistant toutefois sur les bons effets que produirait l'exemple donné par Mme de la Bréjolière.

« Oui, dit le marquis, le peuple a besoin d'une religion.

— Deux fois par semaine, monsieur le doyen, reprit Mme de la Bréjolière, j'espère que vous voudrez bien entendre notre confession.... à table. Jouez-vous au wisth? »

Le curé s'excusa de son ignorance au jeu.

« Eh bien! vous nous apprendrez nos devoirs religieux et je vous apprendrai le wisth. »

Comment chagriner une femme si aimable? Au fond le brave doyen se disait que l'église profiterait de l'arrivée des châtelains, malgré leur scepticisme; et comme il craignait que ses assiduités auprès de tels hérétiques ne fût prise en mauvaise part, le curé répandit le bruit que le marquis avait la goutte, la marquise des rhumatismes et que leur santé ne pouvait s'accommoder des fraîcheurs de l'église de Blanzy.

Intérieurement le doyen se reprochait son mensonge; mais il ne se le permettait que par excès de piété; ne perdant pas de vue l'idée d'amener les châtelains à l'église.

« Je ferai une plus sévère retraite, se disait-il, et je prierai Mgr l'évêque de me pardonner ce mensonge, en faveur du résultat. »

Toutefois le curé fit part à Mme de la Bréjolière des bruits qu'il répandait dans le pays.

« Fi, monsieur le doyen, fi! s'écria la taquine marquise. M'affubler d'un vilain rhumatisme! Vous me vieillissez outrageusement..... Passe pour la goutte du marquis. On a dit que c'était la croix de Saint-Louis de la galanterie, et M. de la Bréjolière a tout droit de la porter. Mais un rhumatisme, à moi ! Savez-vous que si pareil malheur m'arrivait un jour, je ne vous pardonnerais pas, car vous auriez appelé avec l'attention du ciel sur mes péchés un châtiment barbare. »

Le brave doyen se confondait en excuses.

« Et où avez-vous placé cet atroce rhumatisme ?

— A la.... »

L'honnête curé rougit et resta court.

« Non, s'il vous plaît, pas là, monsieur l'abbé. Vous ne voulez donc plus que je saute ? disait-elle en marchant dans le salon, car la marquise avait conservé toute sa vivacité.

« Passe pour le bras.... Je permets à l'occasion à un rhumatisme de s'y loger pour vous faire plaisir et porter la moitié de votre mensonge. »

Et comme Mme de la Bréjolière, d'humeur bienveillante, voyait combien ses taquineries troublaient le curé, elle changea de conversation et revint à l'embellissement de l'église.

« Madame la marquise, dit le doyen, grâce à vos libéralités j'ai fait appeler un vitrier de la ville voisine pour remettre les vitres qui manquaient à la rosace.

— Oh! saint homme, que vous êtes peu conséquent dans vos imaginations! Ne devez-vous pas, pour m'être agréable, laisser l'air entrer par la rosace? Si vous bouchez les trous, je puis aller à l'église l'hiver et je n'ai plus d'excuses. Allons, il faut, sous un prétexte quelconque, éloigner le vitrier.

— Encore un mensonge, madame la marquise, s'écria le brave doyen.

— Voilà, l'abbé, comment, engagé dans le crime, on s'y enfonce de plus en plus.... Mais je suis bonne et veux vous tirer de ce mauvais pas.... La rosace n'est-elle pas historiée de quelques peintures? Vous ferez savoir à ce vitrier qu'une restauration plus importante est nécessaire, et que des vitres blanches produiraient un effet désagréable.... Êtes-vous satisfait de mon invention? Vous souriez.... Allons, l'abbé, je vous permets de me baiser la main pour mes imaginations. »

Et comme le projet de restauration de la rosace était abandonné, la marquise ajouta à ses donations précédentes une belle robe de moire blanche pour la statue de la Vierge.

A la suite de ces entretiens, le brave doyen revint à son presbytère, la figure épanouie, se disant qu'il n'y avait pas assez de sceptiques sur la terre, car à supposer qu'ils eussent la grâce et la générosité de Mme de la Bréjolière, pas une église de village qui ne fût devenue un palais.

Cependant le curé ne nourrissait pas

moins le désir de faire rentrer au bercail ces brebis égarées. C'étaient tantôt des saints, tantôt des saintes, dont il faisait un touchant portrait à la marquise et au marquis pour les décider à venir célébrer leur canonisation à l'église; chaque grande fête carillonnée amenait de comiques débats au château.

« Refuser de quêter pour la Sainte Marie! madame la marquise, s'écria le doyen. Pour vous punir je ne mangerai pas de truffes. »

Et quoi que fît Mme de la Bréjolière, le curé voyait desservir, non sans un inquiet frémissement de narines, un plat de truffes odorantes dont il se privait par contrition.

« L'abbé a raison, répétait ironiquement le marquis. Il faut une religion au peuple et nous lui donnons un déplorable exemple.

— Cela ne doit pas empêcher l'abbé de goûter à ces excellentes truffes. Allons, gourmand, laissez-vous tenter, disait la marquise faisant signe au domestique de rapporter au doyen la serviette d'où s'échappaient de tentants fumets. »

Fermant les yeux, et d'un geste un peu mou, le curé repoussait le plat : ainsi, deux fois par semaine, se renouvelaient ces querelles et ces tentations.

Cependant la fête de Blanzy étant arrivée, le doyen supplia M. de la Bréjolière de donner le pain béni avec une grosse bourgeoise du pays qui mourait d'envie d'avoir un marquis pour cavalier.

« L'abbé, je vous en prie, dispensez-moi de cette corvée, dit M. de la Bréjolière. Je ferai tout ce qu'il vous plaira, à l'exception de donner le pain béni.

— Vraiment, monsieur le marquis, vous êtes plus entêté que le diable qui au moins se laissa tremper une fois dans le bénitier.

— Avec quelles grimaces, l'abbé, vous le savez....

— Mais vous répétez sans cesse, monsieur le marquis, qu'il faut une religion au peuple ?

— Je ne suis pas le peuple, l'abbé.

— A l'occasion de la fête du pays, il me semble bien difficile monsieur de la Bréjolière, que vous refusiez, ajouta la marquise.

— Vous voyez, monsieur le marquis, dit le doyen heureux d'avoir trouvé un auxiliaire dans les rangs ennemis. Que penseront les gens du village de cette obstination à fuir l'église ?

— Eh bien ! je donnerai à dîner aux notables du canton, au maire, au juge de paix, au percepteur.... L'abbé fera la liste et invitera qui il lui plaira.

— A une condition, monsieur le marquis.

— Pourvu, l'abbé, que vous ne me fassiez pas jouer un rôle à l'église.

— Ainsi, monsieur le marquis acceptera tout ce que je lui proposerai?

— Même de faire la cour à cette grosse

commère que vous vouliez pendre à mon bras.

— Ce serait très-piquant, dit la marquise.

— Il ne s'agit pas de débiter des galanteries à une bourgeoise, reprit le doyen.

— Il faut pourtant que je sache....

— Monsieur le marquis, jurez que vous obéirez à tous mes désirs.

— Je jure, l'abbé.

— De la part d'un impie tel que vous, monsieur le marquis, je demande un serment solennel. Dites : je jure d'obéir à tout ce que prescrira monsieur le curé de Blanzy, aussi vrai que Dieu existe. »

M. de la Bréjolière répéta la formule du doyen.

« Eh bien, monsieur le marquis, comme j'amasse des péchés sans nombre à mentir pour votre compte, le jour du dîner, vous serez pris d'une violente attaque de goutte.

— Comment, l'abbé, vous ne voulez pas que je mange ?

— Pardonnez-moi, monsieur le marquis. Étendu dans un fauteuil, la jambe entourée de bandelettes, vous assisterez au repas et y prendrez part; mais à certains moments, vous pousserez un cri de douleur.

— Ah! l'abbé, s'écria la marquise, vous êtes plus rusé que je ne le soupçonnais. »

Mme de la Bréjolière disait vrai. Tout prêtre n'a-t-il pas de la malice à revendre aux femmes! »

Le repas se passa gaiement; malgré ses prétendues souffrances, le marquis fit les honneurs de sa table aux invités. De temps en temps le doyen regardait M. de la Bréjolière et lui faisait signe de pousser un cri, ainsi qu'il en était convenu. Les gens du pays toutefois s'étonnaient que malgré son grand âge et ses vives douleurs, le marquis pût conserver un tel empire sur lui.

Pour Mme de la Bréjolière, elle enchantait tous ses hôtes. Plus d'une jeune femme envia l'aimable marquise, qui conservait une gaieté inaltérable, sur laquelle avaient passé sans l'éteindre soixante-six ans.

« Vous avez dû vous marier bien jeune, madame la marquise ? disaient les hôtes émerveillés.

— J'avais seize ans et M. de la Bréjolière dix-neuf. Dans huit jours, dit la marquise, avec un léger sourire, il y aura cinquante ans que nous sommes mariés.

— Vraiment ! s'écria M. de la Bréjolière. Je ne m'en serais pas douté. Ces cinquante ans ont passé comme un éclair.

— Cinquante ans ! reprenait le doyen, c'est admirable. »

Tout à coup, comme par une inspiration soudaine, il s'écria :

« Il faut fêter la cinquantaine ! »

Un cri joyeux s'échappa de toutes les bouches.

« Quelle fête pour le village ! » disait le maire.

Madame de la Bréjolière souriait en regardant le marquis.

« On en parlerait à dix lieues à la ronde, dit le percepteur.

— Mgr l'évêque lui-même, répéta le doyen, viendrait officier, j'en suis certain. »

M. de la Bréjolière poussa un cri.

« C'est impossible avec cette maudite goutte, dit-il.

— Les accès sont de si courte durée, ajouta malicieusement la marquise.

— Par ces temps humides! reprit M. de la Bréjolière.

— Vous voyez que je ne crains pas pour mon rhumatisme, s'écriait la marquise.

— Monsieur le marquis, dit le maire, laissez-moi espérer que vous passerez encore une fois devant mon écharpe. »

Mme de la Bréjolière frappait dans ses mains comme une enfant joyeuse.

« Allons, Charles, dit-elle avec une expression de tendresse qui résonna jusqu'au fond du cœur de tous les assistants, accordez-moi cette grâce... Je me ferai belle.... »

Le doyen rayonnait intérieurement. Dès l'arrivée des châtelains dans le pays, il avait rêvé une solennité, et le refus du marquis d'assister aux offices n'avaient fait qu'aviver ce désir.

Cette fois le curé semblait près de triompher. Les notables du village se joignaient à lui, la marquise plaidait sa cause.

On était à la fin du repas ; le vin, les liqueurs, les gais propos avaient mis chacun en belle humeur, à laquelle M. de la Bréjolière ne pouvait se soustraire.

« Soit, dit-il.

— Enfin ! s'écria la marquise avec un sourire qui laissait voir les plus belles dents du monde.

— Dans huit jours la cérémonie, » dit le doyen qui prit date, craignant que cette bonne aubaine ne lui échappât.

II

Le curé de Blanzy avait manqué sa vocation : il eût été un meilleur organisateur de fêtes. Dès le dimanche suivant, il commença la publicité, annonçant en chaire l'heureux événement dont les fidèles seraient témoins sous peu. Le lendemain il se mit en campagne sur un petit cheval qui l'aidait à faire le trajet de trois communes voisines dont il était le desservant. Ce jour-là le bidet sentit que quelque chose d'extraordinaire agitait le cavalier qui le gouvernait, car les émotions intérieures amenaient certains bondissements du curé si calme d'habitude.

Les prés, les bois, l'air, les oiseaux furent témoins de l'enfantement du discours que préparait le brave doyen, qui n'ayant pas souvent motif à péroraisons semblables, faisait force gestes pour appeler l'inspiration.

Transporté d'aise, le curé, pour la première fois, talonna son bidet, qui n'allait pas assez vite pour annoncer la nouvelle aux prêtres des cures voisines. Un peu de vanité terrestre se mêle aux pratiques religieuses les plus réelles. On ne ramène pas fréquemment dans le sein de l'Église des sceptiques d'une telle condition, et le combat avait été si long qu'à cette heure, le doyen se regardait comme un heureux conquérant.

M. le curé d'Aubray, si fier de la Vierge-Noire qui attire de nombreux pèlerins dans sa paroisse, pourrait-il lutter avec le doyen de Blanzy? Car la conquête des la Bréjolière avait été plus difficile que la conquête de la Vierge-Noire en terre sainte.

A deux lieues de là, réside le curé de Saint-Martin-du-Mont, dont la bouche était farcie de transsepts, de travées, depuis qu'un archéologue en tournée lui en avait expliqué la signification; mais qu'était-ce que ces mots barbares en face de la victoire remportée sur deux incrédules?

Qu'étaient-ce que les reliques de l'église de Laurent-le-Pont à côté de la célébration d'une cinquantaine?

Vierge-Noire, absides, reliques étaient choses traditionnelles que les desservants des environs avaient reçues des mains de leurs prédécesseurs et qu'ils laisseraient à leurs successeurs. Il n'avait fallu aucune habileté pour les conquérir; mais que de ruses, de mines et de contre-mines depuis l'arrivée des châtelains avant de les faire souscrire à de pieuses intentions?

Un moment le bidet s'arrêta court, ne

comprenant rien aux tressautements du curé qui, de la selle, se communiquaient à son échine. C'était le doyen, qui, se frottant les mains, intérieurement s'écriait : « Je suis un bien habile homme ! »

Il savait qu'il exciterait la jalousie des curés du voisinage en leur annonçant la grande nouvelle ; mais comme le doyen avait carte blanche pour la fête, il était parti de Blanzy pour inviter ses confrères au festin qui suivrait la cérémonie, se disant que nulle rancune de curé de village ne tient contre un bon dîner.

Toutefois un souvenir vint altérer la joie du doyen. N'avait-il pas annoncé dans l'effervescence de son enthousiasme que Mgr l'évêque viendrait bénir la cinquantaine ? Imprudence dont le curé se repentit aussitôt. Toute glorieuse que fût la présence d'un si haut dignitaire dans une église de campagne, les rayonnements de Son Éminence ne devaient-ils pas éteindre la gloire du doyen ? L'évêque seul attirerait les regards ; deux mots sortis de sa bouche le poseraient en orateur sublime. Que deviendrait alors le modeste doyen ? Rejeté au second plan, il ne serait que l'humble sujet de Sa Grandeur.

Encore une fois le curé s'accommoda avec sa conscience. Aucun des desservants des cures voisines n'ayant eu connaissance du projet primitif, le doyen raya l'évêque du programme, et pour que la renommée de sa gloire s'étendît au delà du canton, le curé de Blanzy résolut d'écrire l'événement à son supérieur assez tard pour qu'il n'eût pas le temps de se préparer à cette cérémonie.

Toutes ces combinaisons machiavéliques le petit cheval les portait et en subissait le contre-coup ; mais après une visite au curé de Laurent-le-Pont pendant laquelle le doyen put parler longtemps du sujet qui l'occupait, il retrouva quelque calme, et pendant le reste du voyage le bidet s'aperçut que la quiétude d'esprit avait fait place aux excitations précédentes de son cavalier.

Quant aux autorités de Blanzy, le curé était certain des bonnes dispositions du pouvoir civil. Le maire comprenait l'utilité de cette fête pour le pays. Par la célébration de la cinquantaine, M. et Mme de la Bréjolière semblaient rivés au château. Un tel événement, à leur âge, les rattachait au village, et le maire s'entendit si bien avec le curé que le souvenir de cette fête est encore aujourd'hui vivace dans toutes les chaumières.

Le matin du grand jour, les tambours des pompiers allèrent battre une aubade sous les fenêtres du marquis.

Dès la veille, les bois des environs avaient été mis au pillage; à l'aube, le soleil se leva sur des maisons recouvertes de feuillages. Partout ce n'était que verdures. Le curé avait fait joncher toutes les rues de fleurs, et un tapis odorant s'étendait entre une allée de jeunes arbres nouvellement plantés depuis l'église jusqu'au château.

Tous se prêtaient d'autant mieux à ces décorations champêtres que Mme de la Bréjolière avait conquis le cœur de ceux qui l'approchaient. Les rudes natures de village, quoiqu'elles portent la marque de la grossièreté de vie à laquelle elles sont condamnées, ne sont point indifférentes à de certaines délicatesses : elles en subissent le charme sans se l'expliquer. N'était-ce pas une chose merveilleuse que ces yeux et cette voix si jeune de la marquise, toujours désireuse de plaire ?

Aussi le doyen trouva le plus grand zèle parmi ses paroissiens qui citaient l'affection matrimoniale si longue du marquis et de la marquise.

A propos de cette cérémonie, combien de femmes donnèrent à suivre à leurs maris l'exemple de M. de la Bréjolière, combien de maris reprochèrent à leurs femmes de ne pas être dotées des qualités conjugales de la marquise ?

Ces petites discussions n'empêchaient pas les gens de Blanzy de tresser des couronnes et d'élever un arc de triomphe de verdure sous lesquels devaient passer ces modèles de bonheur conjugal.

Enfin, à dix heures du matin, la cloche de l'église sonna à toute volée, les grilles du château furent ouvertes, et le conseil municipal, escorté des pompiers, alla chercher le marquis et la marquise pour les conduire à la mairie.

Mme de la Bréjolière était rayonnante : ses cheveux gris se mariaient à une ancienne dentelle merveilleuse et toute sa toilette semblait brodée par des fées. A ses côtés se tenait le marquis qui, ayant pris son parti, marchait la tête haute, la jambe ferme sans traces de goutte.

Des décharges de mousqueterie accueillirent l'arrivée des châtelains. Tous les habitants du village et ceux des hameaux voisins encombraient la plate-forme au devant de la grille où une foule de galopins s'entassait derrière les tambours, pendant que courant comme de jeunes chiens autour de leurs maîtres, les marmots allaient du village au château, du château au village, tenant d'une main de gros morceaux de pain et de l'autre des tranches de saucissons dont on avait fait ample distribution.

Sur les côtés, les jeunes paysannes se penchaient et se poussaient, ne pouvant rassasier leurs yeux des merveilleuses dentelles de la marquise.

Lentement le cortége arriva à la maison de ville où se tenaient le maire, les adjoints décorés de leurs écharpes, et derrière eux un piquet de gendarmes, le sabre au poing, et sous le chapeau à cornes de sévères têtes de bouledogues chargés de veiller sur la tranquillité du troupeau.

Les deux époux gravirent le perron émaillé de fleurs, et entrèrent dans une salle basse décorée du buste officiel, après quoi le maire, ayant prononcé quelques mots sur la touchante union qui lui permettait de complimenter deux époux encore jeunes au bout de cinquante ans de mariage, ce fut avec respect qu'il demanda à Mme de la Bréjolière la permission de l'embrasser.

Tambours en tête, pompiers faisant la haie, maire et adjoints, le cortége se remit en marche à la suite des deux époux qui passèrent sous un arc de triomphe où étaient inscrits en caractères formés de marguerites et de coquelicots : *Vive Madame la marquise!* sur une face, et sur l'autre : *Vive Monsieur le marquis!*

On arriva à l'église où sous le portail se tenaient revêtus de leurs écharpes des grands jours, le doyen de Blanzy, entouré des curés de Saint-Martin-du-Mont, d'Aubray et de Laurent-le-Pont. Sur le passage des deux époux, les enfants lançaient des gerbes de fleurs.

La messe commença, chacun admirant

la piété du marquis et de la marquise agenouillés aux pieds de l'autel; de son côté le doyen se disait combien M. de la Bréjolière rehausserait la petite église, s'il daignait prendre place dans l'avenir au banc des marguilliers.

Pour la marquise, quand par hasard ses yeux se rencontraient avec ceux de l'officiant, elle avait un rayonnement ironique qui eût étonné tout autre que le curé de Blanzy; mais il le remarquait à peine, étant arrivé au terme de ses désirs.

La cérémonie se réalisait plus belle qu'il ne l'avait rêvée.

A cette heure le doyen se préoccupait du sermon qui roulait en lui. Il fallait se montrer à la hauteur des circonstances, faire jaillir des trésors d'éloquence.

Le curé monta en chaire, ayant en face de lui les deux époux, assis sur des fauteuils, écartés de l'assistance.

S'étant recueilli, le doyen fit les prières d'usage, et aborda le thème du mariage en

7

donnant à ses administrés le marquis et la marquise comme les types de la plus parfaite union.

Un instant Philémon et Baucis se présentèrent à la pensée du prédicateur; mais il chassa vivement ce souvenir, car n'eût-ce pas été une injure que de comparer les deux nobles époux à ce couple vertueux et caduque, qu'on a coutume de représenter le chef branlant, le dos voûté, le corps appuyé sur des bâtons de houx?

Mieux inspiré, le doyen parla de l'éternelle jeunesse de la marquise, qui avait trouvé dans l'accomplissement de ses devoirs une eau de Jouvence, et, quoiqu'il ne fût pas souverainement éloquent, l'honnête curé de Blanzy puisa, dans la réelle affection qu'il portait aux châtelains, une jolie image à propos des yeux et de la voix de la marquise qui sans cesse se rajeunissaient aux sources de la tendresse conjugale.

Une paraphrase faisait pourtant défaut

au doyen, les enfants. Quel thème fécond en variations attendrissantes pour un prédicateur ! Mais le marquis n'avait pas d'enfants, et le curé de Blanzy dut renoncer, non sans regrets, à un cortége d'enfants et de petits-enfants, qu'il eût été si commode d'évoquer pour la circonstance.

Pour terminer, le curé trouva une hyperbole qui eût fait sa fortune à la cour :

« Nous célébrons aujourd'hui la cinquantaine, s'écria-t-il ; j'espère, mes sœurs et mes frères, que Dieu nous permettra de célébrer la centaine. »

Sur cette conclusion, l'église retentit du chant des enfants, qui, entonnèrent un cantique composé par le maître d'école en l'honneur des deux époux.

De nouvelles décharges de mousqueterie éclatèrent à la sortie de l'église, et le marquis et la marquise furent reconduits en grande pompe au château, où cet heureux jour fut couronné par un festin, un admirable feu d'artifice et des danses sur la pelouse.

## III

Le lendemain, le doyen vint savoir des nouvelles de Mme de la Bréjolière, qui le remercia de son zèle et avec une légère pointe d'ironie, le complimenta sur son discours.

« Je n'osais trop vous regarder du haut de la chaire, madame la marquise ; quelquefois vous coupiez court à mon éloquence par un sourire singulier.

— Et vous seriez curieux d'en connaître la cause ?

— Oh! curieux! s'écria le doyen.

— Oui, M. le curé de Blanzy n'est pas sans quelque curiosité; mais comme je l'aime, qu'il s'est montré un ami dévoué, je ne veux pas avoir de secrets pour lui. Vous aviez réuni hier des prêtres, des maires, des conseillers municipaux, des gendarmes, des pompiers, vous aviez mis trois villages en mouvement pour vous donner le plaisir de célébrer une cinquantaine....

— Cette cérémonie, dit le doyen, n'est-elle pas le meilleur exemple à donner à la jeunesse?

— Malheureusement, dit Mme de la Bréjolière, nous avons un peu triché à propos de cette cinquantaine.... »

Le curé roulait de gros yeux, et Mme de la Bréjolière avec un franc rire :

« Ne dites à personne que le marquis et moi avons été quarante-neuf ans séparés. »

# GLAUBIGER-POLKA

# GLAUBIGER-POLKA.

Cette composition musicale, dont on a pu entendre l'été dernier une sorte d'arrangement au concert des Champs-Élysées, dut paraître d'autant plus incompréhensible au public que l'affiche l'annonçait sous le titre de *Polka des sonnettes*. En Allemagne, la conception dont il s'agit ne fut que trop comprise, et les aventures de l'étrange chef d'orchestre Guth en seront une preuve suffisante, si je réussis à faire passer dans ce récit l'intérêt que doit porter à une victime de l'art tout esprit sensible.

Guth divertit longtemps les Viennois par

de jolies pièces musicales qui coulaient aussi facilement de sa plume que l'eau d'une fontaine; et quoique la musique à laquelle il attacha son nom fût d'essence frivole et rentrât dans le cycle que le réformateur Richard Wagner a condamné sous le titre de *musique de table*, les connaisseurs n'en admiraient pas moins le grand art avec lequel Guth traitait les introductions de valses et de mazurkas. Un reflet d'Haydn illuminait ces prologues mélancoliques; par là le chef d'orchestre montrait qu'il n'était pas apte seulement aux airs de danse. Rien que les belles phrases de ses introductions traitées à la manière des symphonies, indiquaient de grandes aspirations et si elles ne s'attachaient pas aux flancs d'un drame puissant, c'est qu'aujourd'hui les conceptions élevées sont d'un placement médiocre.

Le monde élégant de Vienne raffolait des compositions « si dansantes » de Guth. Une nature vulgaire se fût contentée de ces triomphes; Guth avait de plus hautes visées. Depuis quelques années déjà de vastes aspirations musicales avaient lui à ses yeux, pour s'effacer devant le mauvais vouloir des directeurs de théâtre.

Renvoyé à ses mazurkas et à ses galops, Guth fut pris d'aigrissements, de doutes, d'affaissements contre lesquels il essaya de réagir, mais qui toutefois teintèrent ses compositions de bizarreries particulières.

Tous les samedis, Guth avait l'usage d'offrir au public une pièce musicale nouvelle; ce jour-là la foule se pressait au jardin, affamée de goûter ces primeurs mélodiques.

Quelle singulière idée poussa le chef d'orchestre à rompre tout à coup le rhythme d'une valse pleine de tendresse par l'introduction des premières phrases de la *Marche funèbre* de Beethoven?

La danse des morts ne répond guère à notre époque, et si le vieil Holbein fait penser encore quelques esprits philosophiques, ce ne sont certainement pas les dames et les messieurs qui fréquentent les jardins publics.

Un silence de plomb accueillit cette tentative, et Guth continua à faire entrer dans son programme le bizarre morceau qu'il eût pu intituler : valse funèbre.

A ce sujet, M. Bischoff, critique assermenté de la *Wiener Musikalische Zeitung* (Gazette musicale de Vienne) reprocha durement au chef d'orchestre les moyens saugrenus qu'il employait pour surprendre désagréablement les oreilles du public, et Guth sembla s'incliner devant les arrêts d'un critique si compétent qu'un dilettante qui eût avoué qu'il n'avait pas lu le dernier numéro de M. Bischoff, eût été regardé comme un épais philistin.

L'austère critique, M. Bischoff, ne savait pas une traître note de musique et eût été fort embarrassé de lire un air d'*Armide* arrangé pour deux flûtes; mais il jugeait les maîtres avec une telle autorité qu'on ne pouvait croire aux railleries des artistes qui répandaient le bruit que, seul, le petit domestique de M. Bischoff savait la musique et qu'il avait pour mission d'indiquer à son maître dans quel mouvement était écrit tel morceau, si un bémol ou un dièze se prélassait à la clef.

Guth parut faire amende honorable et s'incliner devant l'autorité de l'illustre critique, en faisant succéder à la sinistre valse diverses compositions, dignes de son meilleur temps.

Pourtant le calme n'était pas rentré dans cet esprit, quoiqu'il essayât d'oublier ses rêves de grandes compositions. C'était un supplice quotidien pour cette intelligence que de diriger un orchestre de danse et d'être obligé d'écrire de sautillants motifs pour *les longues oreilles* dont Mozart père recommandait tant à son fils de se préoccuper.

Guth n'avait aucun souci des « longues oreilles. » On verra où le conduisirent cette indépendance et ce mépris du public.

Directeur d'un orchestre de jardin, l'artiste avait l'utopie de croire qu'un public qui vient pour fumer, boire du kirch et des sodas tandis que les femmes caquettent entre elles, peut s'intéresser à des délicatesses harmoniques.

De toute éternité les bourgeois de Vienne avaient l'habitude de s'en aller sur un galop bruyant, et si des accompagnements de grelots et de fouet de postillon étaient joints à un motif quelconque, c'en était assez pour clore gaiement la soirée.

Guth, blessé de voir chacun lui tourner le dos avant qu'il n'eût déposé son bâton de chef d'orchestre, s'imagina de retenir ses auditeurs par une *Marche processionnelle* qui, en toute autre circonstance, eût fait la réputation d'un maître.

Qu'on se rappelle les estampes en bois d'Albert Durer où sont représentés des chevaliers et de nobles dames se rendant à une cérémonie avec la pompe grave de l'Allemagne au seizième siècle, voilà ce que Guth entreprit de réaliser par des sons.

Tout le moyen âge était renfermé dans cette belle composition.

Gravité, barbarie, armures brillantes, doux visages de femmes, grosses moustaches d'hommes de guerre, jusqu'aux drapeaux eux-mêmes se voyaient sous la mélodie comme dans un tableau.

Rarement les trompettes furent employées par un compositeur avec autant de coquetterie.

L'oiseau libre voltigeant dans l'air n'est pas plus alerte que les trompettes, dont les notes claires et vibrantes avaient fait sourire le pauvre Guth.

Sur une mélodie pleine d'apparat, de celles nécessaires à des courtisans entourant un empereur, ces sonores caprices lancés par le cuivre faisaient penser aux soutaches élégantes d'un uniforme de hussard.

Dans les détails ingénieux apparaît quelquefois l'esprit d'un maître. Guth, par sa

*Marche processionnelle*, se prouva à lui-même qu'il avait la puissance du grand et de l'héroïque.

Assis devant un mauvais piano dont les maigres sons l'enivraient comme s'il eût dirigé son orchestre, Guth entendait résonner en lui les timbres puissants de tous les instruments et il ne se posséda pas de joie quand l'inspiration amena au bout de sa plume ces spirituelles gamineries de trompettes.

Il faut être artiste soi-même pour savoir combien peu l'argent et les applaudissements récompensent des fatigues et des veilles consacrées à une œuvre véritable. A de certains moments (mais qu'ils sont rares!) l'homme sent se détacher de lui quelque chose d'immatériel, qui s'inscrit sur le papier sous forme de mélodie, de poésie ou de dessin. En ce moment l'artiste est payé de ses efforts, par cela seul qu'il a donné quelque chose de lui-même. *C'est bien*, quoi qu'on en puisse dire. L'homme en est certain. Les combinaisons scientifiques ne peuvent amener de ces trouvailles. Le cœur a parlé, c'est un cri du cœur.

Guth, heureux, se hâta de terminer la *Marche processionnelle*, voulant faire jouir le public de sa découverte. Selon lui, c'était un cadeau qu'il faisait à ses auditeurs, et il n'y mettait ni amour-propre ni vanité.

Mais pour avoir donné la plus pathétique de ses œuvres à des gens qui avaient l'habitude, au sortir du concert, de s'entasser dans des édredons en fredonnant quelque mélodie courante, l'*Aufzugs-Marsch* fut mal accueillie et surtout traitée sévèrement dans la *Gazette musicale viennoise*, par M. Bischoff qui l'avait à peine écoutée. Il appuya particulièrement sur des quintes hardies que lui avait signalées son petit domestique et déplora « le coupable emploi » d'un talent gracieux d'ordinaire.

En lisant cette critique, Guth fut pris d'un amer sentiment d'irascibilité contre l'humanité.

A quoi bon tant d'efforts? se disait le pauvre artiste qui, cloîtré dans sa partition et n'ayant d'aspirations que pour de nouvelles sonorités, avait rêvé un instant la gloire.

A cette heure il était traité d'écolier par un petit juif, employé à vernir les escarpins de M. Bischoff!

A quoi bon? songeait Guth, qui comprenait maintenant combien ses recherches musicales l'isolaient de ses amis, en faisaient un homme qui, regardant à peine dans les rues, se condamnait à des jeûnes pour conserver sa liberté de cerveau et était dominé de telle sorte par l'art, qu'il sortit un jour d'hiver sans cravate.

A quoi bon la retraite intellectuelle, l'isolement au milieu de la foule, la privation des joies de la famille pour ne pas être compris?

Nécessairement le public partagea l'avis de M. Bischoff. Sa cravate blanche, ses lunettes d'or et ses escarpins parfaitement vernis indiquaient un homme sérieux. Il correspondait avec Van Fétis en Brabant; à eux deux, ces aristarques constataient une forte décadence musicale depuis la mort de Bach.

Après Baaaaaach (car M. Bischoff allongeait le mot pour montrer la place considérable qu'il occupait dans son esprit) toute tentative moderne était au moins inutile.

Chaque année le savant M. Bischoff publiait une brochure intitulée : *De l'abaissement du sens musical* et retranché derrière Bach, il constatait de graves progressions dans cet abaissement, qu'il déplorait sans trouver de remède. Aussi les gens du monde parlaient-ils avec le plus grand respect de la brochure de M. Bischoff, sans la lire toutefois ; mais chacun s'inclinait devant le grand critique dont personne n'eût osé contester le profond sentiment esthétique.

Guth crut naïvement au jugement de M. Bischoff. Le musicien s'imaginait qu'un homme qui écrit a des motifs graves pour écrire et que sa critique, en même temps qu'elle reflète l'opinion de la foule, part de sens raffinés, inconnus au vulgaire. Pauvre Guth qui jugeait des autres par lui-même, ayant été réveillé quelquefois par une voix qui lui criait impérieusement : Jette sur le papier tes tourmentes de la nuit !

La *Marche processionnelle* n'ayant pas obtenu l'assentiment du public, l'éditeur refusa d'en graver la partition.

Un soir qu'il rentrait, Guth aperçut avec terreur un ordre à payer de deux cents florins qu'il avait tout à fait oublié pendant la composition de sa symphonie. Il n'avait pas de quoi acquitter cette dette pressante. La colère succéda au découragement et dans un de ces accès fébriles auxquels sont sujettes les natures nerveuses, se présenta l'image de M. Bischoff, le principal auteur de l'insuccès de la *Marche processionnelle.*

Qu'il est beau l'artiste lorsqu'il combat contre lui-même et tente d'échapper aux mesquineries de la vie bourgeoise ! Guth allait à son piano, essayant de lutter contre le souvenir d'une dette misérable ; de ses doigts s'échappaient de pures mélodies qui apportaient quelque terme à ses tourments. Il s'interrompit pour écrire : *Rêveries poétiques dues à un beau soir d'été*. Et les phrases musicales couraient entre les portées écrites par une main fiévreuse qui, tantôt s'interrompait pour plaquer de longs accords mystérieux ou pour cribler sa partition de notes et de rappels qui correspondaient à des résonnances intérieures. La physionomie de Guth s'imprégnait pour ainsi dire de mélodies ; dans chacun de ses traits il eût été facile de suivre l'enchaînement de sensations diverses.

Tout d'un coup sa figure se crispa et d'un coup de poing violent sur le piano, Guth sembla dire : à quoi bon ? Ce furent alors des cris étranges : *Crae, craa, gronass*, qu'il essayait de traduire avec le piano, et une joie sarcastique entraîna par la chambre le compositeur poussant des onomatopées singulières, qui ressemblaient à celles du croassement des crapauds.

A cette heure, Guth riait d'une façon singulière, dominé par une fantaisie qui aboutit à quelques jours de là. Les affiches du concert public annoncèrent la première audition des *Rêveries poétiques dues à un beau soir d'été.*

Tout d'abord, la première partie satisfit le public viennois. Rarement Guth avait déployé des qualités mélodiques plus aimables. Sans tomber dans les utopies de l'imitation musicale de la nature, l'artiste réussissait à faire passer dans l'esprit de ses auditeurs les fraîches sensations d'une nuit d'été; le calme, le silence étaient obtenus par des sonorités voilées et discrètes. Une note de cor, amenée avec un art extrême, faisait songer à une étoile filante. Des mariages de bassons, de clarinettes et de flûtes résultaient des accords mystérieux, profonds comme la nuit.

Pourquoi tout d'un coup le motif principal de la *Marche processionnelle* s'associat-il à cette rêverie? Pourquoi des cris de *crae*, *craa*, *gronass*, poussés par tous les musiciens, rappelaient-ils le souvenir de crapauds dont on croyait entendre le verruqueux clapotement dans des eaux glutineuses?

Ce fut un grand scandale à Vienne, car les musiciens de l'orchestre dévoilèrent le secret de Guth. Dans la pensée du compositeur, ses aspirations musicales longtemps tendues pour l'exécution de la *Marche processionnelle* avaient été tout à fait troublées par d'horribles animaux, M. Bischoff et les critiques ses collègues, qui empêchèrent la réalisation de ces aspirations. Sous la physionomie de crapauds visqueux, Guth avait peint cette race d'ignorants qui troublent les plaisirs du public; par leur faute, aux *Rêveries poétiques d'un beau soir d'été* succédaient d'affreux croassements. C'était la *faute* de M. Bischoff, non celle de Guth qui ne demandait qu'à vivre dans les régions idéales de la mélodie; les bourgeois ne devaient s'en prendre qu'à leur critique habituel.

Cette interprétation ne triompha pas de l'opinion publique. Il fut même question d'un procès en diffamation, le critique et ses amis affirmant avoir entendu le nom de M. Bischoff sortir de la bouche des musiciens.

Comparer M. Bischoff à un batracien repoussant semblait aux Viennois un de ces crimes tels qu'on en compte peu par siècle!

A l'intérieur, les affaires ne prenaient pas meilleure tournure pour le pauvre chef d'orchestre. Le propriétaire du jardin public voyant un homme sans défense, le menaçait de rompre son engagement. Les créanciers se montraient de plus en plus rigoureux, et Guth, abandonné de tous, était à la veille d'être chassé de son domicile.

Quand la tourmente fut un peu calmée, qu'il eut été reconnu que les musiciens avaient crié : *crae*, *craa*, *gronass*, et non Bischoff, le propriétaire du jardin fit venir Guth, et l'engagea à reprendre ses anciens thèmes si charmants de mazourkas et de galops.

« Tout sera oublié, lui dit-il, si vous composez pour notre public quelque chose de gai. »

Cet entrepreneur connaissait son public ; pour le satisfaire, il fallait, disait-il, lui servir des mélodies amusantes, farces même au besoin. Suivant lui, Guth avait reçu de la nature d'admirables facultés pour chatouiller le public à l'aide du burlesque. Guth prouva à l'entrepreneur qu'il avait justement en tête un thème fort comique ; l'autre s'en alla en sautillant, malgré son gros ventre, et Guth se mit en mesure de composer la gaieté dont était affamé l'entrepreneur.

Cette gaieté, l'artiste en était plein en effet depuis quelques mois ; mais quelle gaieté que celle produite par des veilles, des nuits sans sommeil et des privations de toute sorte !

Guth avait creusé son esprit avec plus de peine que le laboureur trace un sillon dans des terrains pierreux. Il sema à pleines mains, à plein cœur; ses semailles ne produisirent rien sur une terre que la peine devait fertiliser. Les prêteurs avaient avancé au chef d'orchestre des sommes usuraires, et la récolte ne germait pas. Ce fut alors un sinistre cortége de Juifs, de loups-cerviers, de gens âpres, qui, d'un ton sec, redemandaient leur argent.

Guth tremblait et se regardait comme un criminel devant ce troupeau d'usuriers. Il s'enfermait, n'ouvrant pas; mais quels carillons à sa porte! Les premiers jours, le compositeur fut tenté de briser ce timbre agaçant, dont chaque son lui criait : Paye! paye!

Il finit par trouver une âcre jouissance à ces tintements qui n'arrêtaient guère du matin à midi. La terrible sonnette l'entretenait dans ses ressentiments contre le public, et à travers les frénétiques secousses d'un cordon qui, trente fois, eût dû casser dans les mains des créanciers, le souvenir de la *Marche processionnelle* se retraçait plus vivement encore à l'esprit du compositeur.

La sonnette n'était que le prélude d'un événement inévitable. Ne pas ouvrir à des créanciers est un des moyens certains de les pousser à l'extrême. Guth entrevoyait la saisie de son modeste mobilier, et cela avec amertume. Il avait dépensé sa jeunesse au service de l'art. La société qui ne reconnaît pas l'art, empêchait l'homme de se développer et d'agrandir ses facultés dans le loisir, l'étude et la réflexion. Guth en prit son parti, et c'est pourquoi, la conscience en paix vis-à-vis de lui-même, il promit à l'entrepreneur un gai morceau pour renouveler l'affiche.

Ce morceau fut en effet joué à Vienne le 22 juillet 1861 ; mais, ainsi qu'il arrive quelquefois, le trop de bouffonnerie comme le trop d'idéal blesse le public. Le titre lui-même de *Glaubiger-Polka* (polka des créanciers) avait médiocrement disposé le monde élégant, qui n'aime pas qu'on éveille le souvenir de chiffres et de dettes.

Les sonnettes jouaient un rôle impitoyable dans cette violente farce, et si quelque phrase mélodique se dessinait et annonçait une heureuse conclusion, aussitôt un carillon insupportable venait couper court aux jouissances des mélomanes.

On espéra d'abord que cette sonnette aiguë servirait seulement d'accompagnement au premier motif de la polka; mais le vacarme continua, et Guth souriait d'une singulière façon, serrant convulsivement son bâton de chef d'orchestre dans la main.

Pâle, froid et dédaigneux, l'artiste planait sur cette assemblée, aussi agacée par la sonnette que par l'aigre bruit d'une scie entamant une pierre.

Au milieu du jardin, M. Bischoff levait

sa canne, se plaignait du scandale, gesticulait, grinçait des dents.

Les dames respiraient des flacons d'odeur, prêtes à tomber dans des crises nerveuses.

La terrible sonnette s'arrêta.

Un motif aimable montra que le compositeur avait enfin compris qu'il est des limites aux facéties désagréables; mais alors on entendit à l'orchestre comme un bruit de mobilier qu'on déménage, des armoires dont les battants s'ouvrent, des cris menaçants, des jurons, des plaintes, des vaisselles brisées.

« Il est fou! » disaient les gens en se bouchant les oreilles.

Dans un coin, l'entrepreneur, interpellé sévèrement par M. Bischoff, montrait le poing à Guth, sans oser interrompre ce maniaque qui pouvait être dangereux. Guth souriait toujours, jusqu'à ce qu'un dernier tintement prolongé de sonnettes mit en fuite tous les habitués du concert.

Dames et messieurs, employés au gaz, receveurs du contrôle, gardes, gens de police avaient abandonné le jardin public, craignant tous qu'une de ces terribles sonnettes ne fût attachée au pan de leurs habits.

Le dernier qui résista fut M. Bischoff, qui, en partant, menaça l'entrepreneur d'adresser une pétition tendant à obtenir de l'empereur d'Autriche le renvoi de Guth de ses États.

« Mes amis, dit Guth à ses musiciens, je vous remercie. Vous avez joué à merveille ce gai morceau. »

Et il souriait singulièrement! Mais en donnant la main aux artistes qui l'entouraient, ceux-ci remarquèrent des yeux rougis, et au fond des larmes que Guth ne semblait pouvoir contenir plus longtemps.

Il s'échappa seul sous les arbres et s'enfonça dans les ombres des boulevards, sanglotant sur son avenir brisé. Guth marchait sans savoir où le conduisaient ses pas.

De sombres projets se heurtaient dans son cerveau.

La rivière longeait le boulevard, large, profonde et tentante!

Peu à peu Guth, familiarisé avec l'idée d'en finir avec la vie, se rapprochait du quai.

Un son de guitare l'arrêta tout à coup. A quelques pas, une voix claire et jeune chantait en s'accompagnant. Guth tressaillit. La voix répétait le motif principal des *Rêveries poétiques d'un beau soir d'été.*

Guth s'approcha de la chanteuse. C'était une jolie enfant de dix-sept ans que le chef d'orchestre avait surprise, collée aux grilles du jardin public, les soirs où était jouée la *Marche processionnelle.*

Pauvre petite guitariste qui s'échappait des brasseries afin d'écouter ces mélodies qui répondaient à son cœur.

« Elisl! » s'écria le compositeur.

Elisl s'arrêta tremblante, rougissant d'avoir été surprise par Guth.

Longtemps ils se promenèrent sous les arbres, parlant à peine; mais Guth était heureux.

A quoi bon? s'était demandé si amèrement Guth maintes fois. Et à cette heure, Guth ne se disait plus à quoi bon?

# UN DRAME JUDICIAIRE

# UN DRAME JUDICIAIRE.

La petite ville de L... était pleine d'émotion le 6 août de l'année 185., jour du jugement d'une fermière des environs, accusée d'avoir voulu faire assassiner son amant pour rentrer en possession de sa correspondance.

Les acteurs du drame étaient vulgaires; cependant il n'était bruit dans les salons de la ville que de lettres passionnées écrites par une femme de campagne à un homme qui s'était fait une arme de cette correspondance et en avait donné communication au parquet.

Les procès d'adultère et de séparation de

corps sont le meilleur livre où puisse être étudié le cœur humain.

On le voit battre, on en compte les pulsations.

Ce sont des billets spirituels comme ceux de Mme de Sévigné, tendres comme les lettres de Mlle Lespinasse, enflammés comme celles de sainte Thérèse, quelques lettres sans orthographe, presque toutes pleines de sentiment.

Un recueil de fragments choisis dans les procès célèbres formerait le traité le plus sincère de Correspondance amoureuse qui ait jamais été livré au public.

Aussi ne manquai-je pas à l'audience du tribunal correctionnel de L... le jour des débats.

Une foule considérable s'était emparée de la salle, composée plus spécialement des habitants du village où avait eu lieu le drame; toutefois les dames de la ville avaient obtenu du président un certain nombre de places réservées.

L'accusée entra, escortée de deux gendarmes, et le silence se fit tout d'abord, quoique la curiosité fût désappointée. Un mouchoir sur la figure, la fermière semblait plus accablée de sa situation que désireuse de se montrer au public. Vêtue d'habits noirs, la pauvre femme paraissait affaissée sous la douleur : le désespoir se faisait jour dans chacun de ses mouvements.

J'ai une médiocre sympathie pour les dames idéales un peu voleuses, beaucoup empoisonneuses, qui écrivent des Mémoires remplis d'aspirations poétiques, et je n'irai certainement pas faire résonner les cordes d'un luth harmonieux sous les fenêtres de leur prison. Pourtant quoique le mariage ne me paraisse pas mériter les gros volumes d'attaques dont les bas-bleus ont abusé, je fus pris de pitié pour la coupable.

Le crime dont elle était accusée ne portait pas sur l'adultère, mais sur un guet-apens où, d'accord avec son garçon de ferme, la fermière avait voulu faire tomber son amant.

Sur le même banc, à ses côtés, était assis le paysan, son complice, une figure sans intérêt.

La lecture de l'acte d'accusation fit bientôt connaître les relations qui existaient entre la paysanne et un jeune garçon, dont la profession était de faire danser aux fêtes la jeunesse des environs. La liaison fut courte, les lettres de la fermière nombreuses.

Un jour, comprenant sans doute la faute de s'être donnée à un être vulgaire, la fermière pria son amant de lui rendre ses lettres. L'amant fit d'abord la sourde oreille, et enfin, pressé, promit d'échanger la correspondance contre cinq cents francs.

Homme pratique que ce ménétrier !

Cinq cents francs sont rares aux villages, les paysans enfouissant plutôt l'argent en semailles qu'au fond d'une armoire. Le ménage était aisé; mais le mari faisait fructifier sa terre, et, d'un autre côté, la fermière n'avait pas les clefs de la caisse. La femme supplia, se jeta aux genoux de son amant, qui tint bon.

L'homme ne voulait pas avoir perdu son temps!

L'affaire parut en rester là jusqu'au jour où la fermière offrit à son amant le tiers de la somme, qu'il refusa. De même pour la moitié. Le ménétrier tenait à ses cinq cents francs!

Un homme qui vend à sa maîtresse les lettres qu'il tient d'elle ne saurait être classé dans le petit troupeau des honnêtes gens. La fermière redoutait les indiscrétions du ménétrier, si répandu dans le canton par sa profession. Toute liaison avait cessé, premier motif de vengeance. De vagues menaces étaient allées au cœur de la pauvre femme, qui craignait autant les propos de l'homme que le colportage de sa correspondance. Le mari pouvait être instruit de la faute de sa femme; des preuves existaient, un complice qui ne reculait devant aucun moyen. Ce sont là de cruels châtiments qui sans excuser une faute la pallient.

Éperdue, se sentant sous la domination d'un homme méprisable, la fermière lui fit savoir que, tel jour, à telle heure, dans un certain endroit, la somme demandée serait comptée en échange des lettres.

L'amant accepta le rendez-vous et s'y rendit au jour et à l'heure convenus. Il avait à traverser, avant d'arriver, un chemin creux entre deux monticules couronnés de buissons épais. C'était à la nuit tombante. L'homme sifflait. Tout à coup il entend un menaçant : *halte-là!* Il s'arrête, lève les yeux et, effrayé, aperçoit entre les buissons le canon d'un fusil menaçant.

Au même instant, un paysan descend vivement dans le chemin creux et, armé du fusil, tient en joue le ménétrier qui, malgré son effroi, reconnaît le garçon de labour de la ferme.

« Les lettres, s'écrie celui-ci, ou tu es mort! »

Un lutte s'engage entre les deux hommes. Le ménétrier, après quelques coups, est jeté à terre, fouillé par toutes les poches. Peine inutile!

Défiant comme tous les paysans, le musicien était allé au rendez-vous pour s'assurer de la couleur de l'argent; mais, de crainte de quelque machination, la correspondance était en un endroit sûr.

Le garçon de labour, dont la mission consistait à s'emparer des lettres, lâche le séducteur après l'avoir bourré de quelques coups de poing; mais à partir de cette aventure, le ménétrier, n'ayant plus de ménagement à garder, raconta dans le village le guet-apens auquel il avait échappé et les causes du guet-apens.

La justice ayant eu vent de l'affaire, une instruction s'ensuivit, qui amena la fermière sur le banc de la police correctionnelle du tribunal de L.... C'est ce qui exliquait l'empressement des paysans du canton et des dames de la ville, curieuses de voir de près la criminelle.

Pendant la lecture de l'acte d'accusation, la fermière ne poussa qu'un long et sourd sanglot qu'elle étouffait en mordant son mouchoir. Au-dessous d'elle son avocat, à grandes oreilles qui s'aplatissaient sur le velours de la toque, écoutait avec indifférence l'acte d'accusation.

L'interrogatoire força la fermière de montrer son visage, auquel les yeux rougis par les larmes n'enlevaient pas une distinction naturelle; mais quand l'audiencier appela le principal témoin, un murmure particulier annonça que la curiosité de l'assemblée allait enfin être satisfaite.

Ce don Juan de village, qui en voulait autant à la bourse qu'au cœur de ses amoureuses, était un garçon de vingt ans, content de sa personne, et ne paraissant pas se douter du triste rôle qu'il jouait en cette affaire. Une touffe de cheveux portait sur sa tempe droite, à la manière des *farauds* de campagne, et, quand il parlait de la fermière, c'était avec le sourire du renard qui regarde de loin un piége.

Il parla sans gêne de ses amours, dit que, voulant venir à Paris, il avait besoin d'argent, et expliqua comment la fermière devait subvenir à ses frais d'installation dans la capitale.

Je ne sais si cet homme vint plus tard à Paris ; mais il avait toutes les qualités nécessaires pour réussir dans la classe des gens sans aveu, qui se faisaient remarquer jadis par une *cravate jaune*.

Il parla librement, avec une sorte de sincérité cynique, et je fus étonné que le président ne lui adressât pas quelques sévères paroles sur sa honteuse spéculation.

La victime était l'accusée, le témoin le coupable.

Coupable de ne pas avoir rendu les lettres à la fermière qui les lui redemandait ;

Coupable d'en avoir fait marché ;

Coupable d'avoir donné de la publicité au déshonneur d'une femme ;

Coupable d'avoir porté le trouble dans un ménage.

La fermière s'était confiée à un brave valet de ferme et lui avait mis entre les mains une mauvaise arme abandonnée, hors d'état de servir.

Il fut même démontré que le fusil n'avait pas de batterie. Et le crime pour lequel étaient accusés la fermière et le garçon de labour était énoncé : — *Attaque à main armée sur un chemin public!*

Singulier procès ! Je n'ai pas l'intention de reviser le Code ; mais quand j'entendis l'avocat, j'aurais voulu plaider l'affaire. Cet homme aux larges et plates oreilles semblait n'avoir rien retenu des débats. Il ôta sa toque, et son crâne apparut aussi nu que son éloquence. Il fit une longue péroraison sur sa robe, comme s'il avait voulu l'innocenter ; et, en effet, elle était complice de vulgarités qui, pendant une demi-heure, s'échappèrent d'une bouche sans accents.

Quel enseignement fût résulté d'un tel procès si l'avocat, changeant les rôles et devenant accusateur au lieu d'accusé, eût pris à parti le dénonciateur, l'homme qui avait perdu de réputation une femme coupable seulement d'un moment d'oubli !

Les premières lettres de la fermière étaient pleines de passion. Peu à peu le repentir s'y glissait. Une tentative de suicide, provoquée par la honte et le remords, n'avait manqué que par l'assistance imprévue du garçon de ferme, qui par là fut initié au drame. L'avocat n'en sut rien tirer. Cet être aux oreilles plates me faisait pitié.

Le bruit courait parmi le public que le mari était dans la cour du tribunal, attendant la décision avec anxiété. La vulgaire robe noire omit ce détail.

Chacun dans l'audience avait été ému de la contenance de l'accusée, de ses remords, de la honte qui coulait avec ses larmes. L'avocat aux plates oreilles fut le seul à ne pas s'en inquiéter.

Quelle facile éloquence que de montrer la femme séparée de ses enfants, abandonnée de son mari, pour un moment d'oubli de ses devoirs !

Et quel enseignement fût résulté d'un tel procès, si l'avocat, s'adressant au séducteur, se fût écrié : « Vous avez perdu une pauvre femme. Misérable, c'est à vous de monter sur le banc des accusés ! »

Pendant que le tribunal délibérait en chambre du conseil, je suivis les paysans qui se formaient en groupes dans la cour et discutaient l'affaire.

A son tour descendit le principal acteur du drame, le ménétrier.

Sans doute cet homme sans pudeur allait être chassé, conspué comme il le méritait. Aucun village des environs ne voudrait le recevoir. L'homme était désormais voué au mépris. Chacun devait faire des vœux pour l'acquittement de la fermière ; et la malheureuse repoussée du foyer domestique, méritait la pitié générale.

Plein d'assurance, le ménétrier vint se mêler aux groupes et reçut les félicitations des paysans.

On parlait avec chaleur de la conclusion de l'affaire ; tous opinaient pour la condamnation de la pauvre femme, tandis que, souriant, le musicien était complimenté sur son adresse.

O paysans, qu'on vous a faussement dépeints !

Le ménétrier leur semblait supérieur parce qu'il avait triomphé de la femme, et qu'à leur sens la force doit toujours rester à l'homme. Ils ne se disaient pas que le musicien était un malhonnête homme. Ils l'admiraient pour sa subtilité de n'avoir pas porté les lettres au rendez-vous.

Pour complicité dans une attaque à main armée sur la voie publique, la fermière fut condamnée à six mois de prison.

Tristement je sortais avec la foule lorsque

la condamnée apparut dans la cour, reconduite à la maison d'arrêt entre deux gendarmes.

Un homme se précipita tout à coup sur son passage, et la tint serrée dans ses bras.

C'était le mari, les yeux pleins de larmes.

« Pauvre Thérèse, s'écria-t-il, ne m'oublie pas ! Je sais bien que tu n'es pas coupable ! »

# HISTOIRE

## DU

# BARON DE LA BRUNIÈRE

### ET DE

# JENNY BRELL

# HISTOIRE

DU

## BARON DE LA BRUNIÈRE

ET DE

## JENNY BRELL.

I.

On voyait, il y a quelques années, sur le chemin de fer du Nord, un riche wagon armorié, qui arrivait en gare à toute vapeur. Aussitôt traîné par les hommes d'équipe pour changer de voie, ce wagon, d'une forme particulière, repartait attelé de sa machine, ne semblant contenir aucun voyageur; mais à quelque distance de la gare, une figure mélancolique apparaissait à la portière et tristement contemplait les prairies qui entourent les fortifications.

Étrange personnage que le baron de la Brunière qui, pendant six ans roula sur toutes les lignes des chemins de fer de France, sans jamais sortir de son wagon.

Très-riche, trop riche, la Brunière avait abusé de tous les plaisirs qui s'achètent avec l'argent. L'argent se vengea en rendant à la place adulations, hypocrisies, infidélités et trahisons.

L'homme, malheureusement, de nature inquiète, voulut sonder jusqu'au fond le gouffre des faux sentiments. Trompé par les uns et surtout par les unes, le misanthrope entassa ces ingratitudes et en fit un tel amas dans son cœur, qu'un jour des troubles malsains s'en échappèrent qui mirent sa raison en danger.

« Il faut voyager, » dirent les médecins.

Ce fut alors que le baron, pour ne plus

avoir de communications avec les humains, fit construire un wagon à son usage, et ainsi il traversa sans cesse les lignes de chemins de fer, usant les rails à force de les parcourir.

Le wagon n'arrêtait que pour se ravitailler; le mouvement seul faisait oublier ses chagrins à cette âme ulcérée. Au bout de quelques années, le baron trouva un certain assoupissement moral.

C'est au frottement que s'échauffent les passions. La Brunière, pour les éteindre, avait rompu tout commerce avec les hommes, sauf avec un domestique qui remplissait les diverses fonctions de valet de chambre, de baigneur et de cuisinier.

Le wagon fut construit par un ouvrier habile, de telle sorte que des appareils à ressort se ployaient et disparaissaient comme par enchantement, fournissant tout ce qui est nécessaire à la toilette et à l'entretien du corps.

Une petite bibliothèque de voyage couvrait un des panneaux du salon. Composée en partie de moralistes, cette bibliothèque n'avait pas médiocrement contribué à rembrunir l'esprit du baron, les philosophes s'appesantissant plus volontiers sur les vices des hommes que sur leurs qualités. Aussi le voyageur mélancolique jetait-il ces livres à peine ouverts, préférant au catalogue des laideurs humaines le spectacle des verdures fuyantes et des horizons lointains.

Sans ces moralistes sévères, la Brunière eût recouvré plus vite la tranquillité. Un domestique fidèle, peu causeur, point coureur (ce qui lui eût été difficile) l'entourait de soins; mais le plus grand charme pour le rêveur, ennemi de la société, venait d'un panorama changeant qui faisait succéder un vallon à une colline, un site sauvage à une contrée fertile.

Souvent le baron passait des journées à étudier la forme des nuages et il se sentait libre comme eux. Les tempêtes de la nature, les grands orages, les pluies, les neiges offraient des spectacles toujours imprévus pour l'homme qui, n'ayant aucuns devoirs à rendre vis-à-vis de ses semblables, s'endormait avec le soleil couchant et était réveillé par les splendeurs du soleil levant.

Que de conversations muettes il entretint avec les étoiles et combien il sentit le factice de son ancienne existence, à l'époque où vivant au club, dans les cercles et les soirées, il était resté si longtemps sans avoir contemplé la nature !

Y avait-il un décor d'opéra comparable aux rayonnements empourprés des soleils couchants, qui le soir remplissaient son âme de félicités, et le matin amenaient un sourire sur ses lèvres pâles ?

La nature est une consolatrice souveraine, qui a des baumes et de précieux onguents pour les cœurs ulcérés.

Les nuages pouvaient se charger d'électricité, la nuit envelopper les campagnes de son noir manteau, un ciel bleu d'Orient se dérouler en voûte splendide, l'horizon enflammé annoncer des vents humides, l'aube matinale amener la rosée sur la verdure, le baron ne se lassait pas de la répétition de ces décors que change un machiniste mystérieux pour la joie de ceux qui savent les goûter.

Le matin, c'étaient de capricieux chants d'oiseaux qui, réveillant le voyageur, semblaient lui souhaiter bonne route. Alors il marchait par la pensée dans les prairies vertes où les grands bœufs baignent leur poitrail. De la cheminée des cabanes s'échappaient de petites fumées joyeuses, et le soir, tout au loin, suivi de son troupeau, le berger tournait la colline.

Ces spectacles le baron en avait seulement la fleur. A l'abri du froid et de la tempête, il assistait aux perpétuelles métamorphoses de la nature.

Quelquefois, sous l'impression des fraîcheurs du matin, le voyageur mélancolique, pensant aux hommes, les voyait sous un jour meilleur et se demandait s'il n'avait pas pris la vie trop en ennemi. Alors, ouvrant un coffret rempli de lettres, il jetait un amer coup d'œil sur des tendresses factices, plus noires que l'encre qui les avait tracées.

Les lettres de femmes se résumaient par coquetteries, infidélités, argent, et le baron les rejetait avec dépit quoique ayant rompu avec celles qui avaient meurtri son cœur.

Ce n'est pas que les lettres d'hommes valussent mieux. Amitiés d'enfance, amitiés de jeunesse, amitiés de l'âge mûr avaient été sacrifiées à des ambitions et à des intérêts. C'était avec un raccornissement du cœur que la Brunière refermait chaque fois le coffret.

Un rayon de soleil se jouant dans le wagon faisait à peine oublier au voyageur ces tristes impressions.

Son amour-propre saignait d'avoir été joué par les hommes et les femmes, car combien l'orgueil a-t-il jeté dans la solitude des êtres plus blessés du rôle de dupe que de celui de victime ?

Pourtant la Brunière était bon. Ses dernières volontés le prouvaient. Mais combien en avait-il eu de dernières volontés ? La collection de ses testaments, qui déjà formaient un volumineux dossier, attirait sur ses lèvres un sourire de cruelle raillerie.

A un certain nombre d'hommes et de femmes il avait laissé des legs qu'il biffa successivement le jour où la preuve de leur égoïsme s'était fait jour.

Brave, dédaigneux de la vie, la Brunière, avant de se battre en duel, souvent pour des motifs futiles, disposa de sa fortune en faveur de ses amis. Et pourtant les noms de ses anciens compagnons, de ses anciennes maîtresses furent remplacés par d'autres qui devaient avoir des successeurs.

Ombrageux, susceptible, le baron se blessait d'une misère et ne faisait pas d'efforts pour oublier l'imperfection de la nature humaine.

Il avait lu, médité, vu, voyagé, réfléchi. Les leçons successives du hasard ne lui firent pas connaître l'homme réel, dévoué à ses heures, brisé par la société, se faisant petit pour ne pas être écrasé, courageux aujourd'hui, faible demain, modeste et hautain, naturel et comédien, plein de générosité et d'avarice en même temps, gai et triste, ouvert et sombre, léger et méditatif, fier et courtisan dans la même heure, tour à tour grand et bas, égoïste et préoccupé du bien général à la fois.

Le baron, s'il était descendu au fond de lui-même, eût trouvé ces deux natures qui sans cesse s'agitent en l'homme, combattent, se terrassent, se relèvent, sont rarement d'accord et offrent l'incessante dualité du mal s'insurgeant contre le bien, du bien révolté contre le mal.

La Brunière rêvait des êtres idéals, sans passions, sans vices, et il ne se rendait pas compte du mouvement de la société qui, comme une machine à bluter, secoue sans cesse le sac du bien et du mal, pour profiter du bien, mais ne peut empêcher la poussière du mal de s'échapper à travers le tamis.

Il avait trop lu les moralistes. Un véritable philosophe lui eût mis en main les satiriques, car c'est l'arsenal où doivent se fournir les natures délicates pour y trouver des armes. Alors le baron eût applaudi aux furieux coups de fouet qu'appellent les vices et il eût été vengé des tortures que lui avaient fait subir hommes et femmes.

Mais la nature était un réconfortant plus doux à cet esprit ulcéré, à cette âme abattue, à ce cœur brisé d'où ne s'échappaient aucun soupir, aucune larme.

La Brunière avait résolu de fuir le commerce des hommes. Tous les ans, à une certaine époque, un intendant, chargé de veiller à ses intérêts, devait attendre à la gare de Paris l'arrivée du wagon, remettre au domestique un état des revenus. Après quoi le baron continuait sa course.

II

A un certain endroit le chemin de fer du Nord passe sous une petite ville riante. L'art et la nature se sont prêté une mutuelle assistance pour entourer la cité de fleurs et de verdures. Au-dessus d'épaisses allées d'ormes, étagés sur les versants, apparaît la pointe d'un élégant clocher. Les prairies, au bas de la ville, offrent une verte gaieté qui ne se retrouve point ailleurs ; les animaux qui y paissent ont le poil plus luisant. Autour de chaumières couvertes de tuiles s'étendent de nombreuses plantations qui témoignent du bien-être des paysans.

Tel est l'aspect du pays du côté qui regarde Paris.

Cet endroit fertile, les richesses de l'agriculture, la culture des arbres et des fleurs avaient souvent fait songer le baron. Mais quand, en revenant du côté opposé sur la voie qu'il parcourait incessamment, la Brunière remarqua, au-dessus du tunnel où allait s'engager le wagon, un petit pavillon en briques, et à la fenêtre du pavillon le profil d'une jeune fille qui travaillait à une broderie, la ville de X... prit aux yeux du mélancolique voyageur un aspect plus riant encore.

Dès lors la Brunière résolut de ne plus parcourir que la ligne du Nord, pour revoir chaque jour un si joli pays, sans s'avouer que l'image de la jeune fille lui tenait plus au cœur que le paysage.

Les hommes que les femmes ont fait souffrir sont encore plus confiants que défiants. En public il n'est guère d'âcretés qu'ils ne prodiguent en parlant des femmes ; la vue d'un mantelet leur rend toutes leurs illusions.

Un pavillon à la fenêtre duquel brodait une jeune fille remuait le cœur de la Brunière, rien que par l'application qu'elle portait à son ouvrage, car le bruit du train, le sifflet de la locomotive, les nuages de fumée qui s'échappaient du tunnel, l'ébranlement causé au pavillon par le passage de la lourde machine, n'étaient-ils pas à de beaux yeux des raisons suffisantes de se lever ?

L'aiguille de la jeune fille ne s'arrêtait pas.

Penché à la fenêtre, le baron, quoique le train s'éloignât avec rapidité, pouvait s'assurer du peu de curiosité de la jeune fille et ce n'était pas sans émotion qu'il quittait de la station.

Quel est l'homme qui, après de longs voyages, arrivant dans une ville inconnue, n'a pas été touché par l'apparition d'un frais visage de femme qui regarde dans la rue et semble lui souhaiter la bienvenue? Par un simple échange de regards, déjà le voyageur se sent moins isolé, et si un gai sourire l'accueille, il emporte du pays une charmante impression.

Ces douces sensations, le baron ne les avait pas ressenties jusqu'alors ; pourtant resta profondément gravée dans son souvenir l'image de la jeune fille aux cheveux blonds qui, par l'action du travail, cachaient presque entièrement le profil.

A un second voyage, la Brunière remarqua que la jeune fille semblait de condition modeste. Sa toilette était simple, autant qu'on pouvait apercevoir du wagon une robe gris-perle, tendre comme l'aube du matin ; pour tout ornement, un velours noir, capricieusement mêlé aux cheveux.

Par hasard, une autre fois, le train du baron passa de grand matin sous le tunnel. De la fenêtre du petit pavillon se détachait sur les rideaux l'ombre de la jeune fille qui veillait, assise à sa table de travail.

La Brunière n'avait jamais vu de femmes travailler. Elles lui étaient apparues au bal, décolletées, soit dans une loge d'Opéra, ou conduisant une voiture au bois. A l'étranger, quelques-unes ne dédaignaient pas de s'asseoir autour du tapis vert. Aussi était-ce une révélation pour l'homme au wagon que ce travail à l'aiguille.

Il avait été attiré jadis par des beautés provoquantes, parées de toutes les ressources de la toilette. On pense combien il fut séduit par l'attitude d'une jeune fille qui demandait aux heures de la nuit de venir en aide aux heures du jour.

Dès lors le baron raccourcit encore la ligne de ses voyages. Une fois par jour le conducteur du train eut ordre de passer devant le tunnel. La Brunière ne pouvait rassasier ses yeux du doux profil dont chaque voyage lui révélait de nouvelles délicatesses.

Le baron aimait-il? Il n'osait se l'avouer;

mais quelque chose de rafraîchissant circulait dans ses veines. Il s'endormait maintenant avec une ombre de sourire; la nuit, la chaste image de la jeune fille se dessinait dans ses rêves. En moins d'un mois, toutes les anciennes souffrances morales se dissipèrent.

La Brunière gaiement faisait sa toilette, passait plus de temps dans les mains du valet de chambre, souriait de sa propre joie. L'hypocondrie fuyait, chassée par des aspirations au bonheur, et le baron, constatant la fuite de sa terrible ennemie, était plus heureux que le convalescent qui, après une longue maladie, fait quelques pas sous un rayon de soleil.

La nature semblait se prêter à ces joies du cœur. Elle revêtait ses habits de fête pour la guérison de la Brunière. Le ciel était plus bleu, la verdure plus verte, le vent plus frais, le soleil plus brillant; c'était avec l'attention d'une douce confidente que la lune semblait écouter le soir les pensées du baron, accoudé à la fenêtre du wagon.

Tout prenait une couleur riante. Les oiseaux le matin réveillaient la Brunière avec des cris doux et joyeux qui lui caressaient le cœur. Sautillant gaiement sur les lignes du télégraphe, ces petits chanteurs invitaient le baron à sortir de son apathie.

Ainsi le misanthrope échappait aux rêves troublants, où tout lui avait paru mesquin, misérable, sordide, et il renaissait à la vie, calme, souriant, affectueux.

Le mal qu'il pensait des femmes était détruit par la vue d'une jeune fille !

Pour rompre avec son passé et n'avoir plus de tentation d'y jeter un regard désolé, la Brunière brûla les lettres qui contenaient de cruelles preuves de trahison, et comme il respira en jetant au vent l'amas de cendres grises sous lesquelles avait été enterré son cœur si longtemps !

Dès le premier jour, cette rupture avec le passé fut payée par un bonheur inattendu.

La jeune fille leva les yeux au moment où le wagon passait. Son regard rencontra celui du baron !

Le pâle visage de la Brunière se couvrit de rougeur ; tout son sang se porta du cœur au cerveau, et il remercia la Providence de ce moment de bonheur.

*Elle* l'avait vu, non par hasard !

Les amoureux se plaisent à sentir le doigt de la destinée s'appuyer sur eux, les conduire, régler leur vie ; même les esprits positifs sont portés à ces idéalités.

Heureuse journée que passa le baron, non sans un certain regret de ne pouvoir faire rétrograder la locomotive, pour encore une fois recueillir un regard de la jeune fille !

Dès lors germa quelque fatigue de voyages qui duraient depuis six ans. Le baron sentit la monotonie d'une vie qui n'était pas sans rapport avec celle des condamnés qu'emmènent les voitures cellulaires. Sans doute le wagon était merveilleusement disposé ; mais en un clin d'œil la Brunière avait fait le tour de la voiture, et la présence du valet de chambre était une mince ressource pour un homme rappelé à la sociabilité.

Peu à peu le baron, se sentant attiré vers les hommes, s'accusa d'une trop vive sensibilité.

Des amis l'avaient trahi. Combien de thèmes ces trahisons n'avaient-elles pas fournis aux moralistes? Des femmes l'avaient trompé. Il en était ainsi depuis le commencement du monde.

La Brunière fit son inventaire moral. Était-il de nature si supérieure que d'échapper au sort qui avait atteint les plus grands hommes de tous les temps?

Les moralistes recommandent le pardon des injures, l'indifférence tout au moins. Le baron haïssait ses ennemis et sans cesse appelait sur leur tête les châtiments du ciel.

Quelles qualités particulières avait apportées la Brunière dans le courant commun? A qui avait-il été utile? On lui avait fait du mal; avait-il fait le bien? Avait-il appliqué son intelligence à quelque utile création ? Avait-il sauvé quelqu'un du danger ou de la ruine ?

Le rôle du baron, il fut obligé de se l'avouer, s'était borné à des plaisirs mondains, et ses amis ingrats, loin de lui nuire, lui avaient fait comprendre la vanité de telles jouissances, en le forçant à méditer dans la retraite.

En ce moment la Brunière eût sauté au cou de ses ennemis qui faisaient qu'en se sondant, il ne se jugeait pas meilleur que les autres hommes.

Mais, s'il pardonnait à des ingrats, quelles actions de grâces la Brunière rendait à la jeune fille qui la première avait donné naissance à de tels retours ?

Le lendemain le baron revint sur la voie avec des élans de joie tels qu'il en avait rarement ressentis. A une demi-portée de fusil du pavillon, le mécanicien eut ordre de ralentir sa marche et de faire entendre le sifflet indicateur de l'arrivée du train.

Le bruit particulier produit par ce wagon solitaire fit lever les yeux de la jeune fille, que la Brunière salua avec courtoisie. Si une douce rougeur se répandit sur des joues ingénues, le cœur du baron battait à tout rompre.

Sans une sotte crainte qui le retenait, le voyageur fût descendu à la station de la petite ville; mais il fallait rompre avec un serment, et la Brunière avait puisé de telles consolations pendant six ans de solitude, que maintenant il lui restait quelques appréhensions sur l'avenir. Pourtant, semblable aux matelots qui ont fait un long cours sans débarquer, le baron entrevoyait la terre ferme comme un lieu de délices.

Un troisième voyage devait décider du parti que prendrait le voyageur. La Brunière encore une fois voulait étudier la figure de la jeune fille. Toute son attention concentrée dans le regard, de loin il étudiait déjà le pavillon de briques, qui servait de cadre à la jeune ouvrière, et longtemps avant d'arriver les gais entrelacements de briques roses lui faisaient battre le cœur.

Déjà apparaissaient aux yeux de la Brunière les rideaux de la fenêtre, dont un coin habituellement relevé encadrait le profil de la jeune fille. Le baron se faisait une fête des beaux cheveux en grappes qui pendaient sur la tapisserie, des longs cils découpés sur la transparence des joues, de l'innocente rougeur qui l'accueillait d'habitude.

Les rideaux étaient soigneusement tirés.

Pour la première fois, la jeune fille ne se trouvait pas à la fenêtre !

III

Quelle nuit anxieuse passa la Brunière ! Ce ne fut qu'une angoisse, quoique par instants la réflexion apaisât ses tourments. La jeune fille n'avait pas fait vœu de solitude ; le plus simple événement suffisait pour l'appeler au dehors.

Mais les doutes et les chagrins naissent comme à plaisir dans l'esprit de ceux qui aiment, et il semble qu'une fée jalouse prenne à tâche d'entourer les roses de l'amour de sombres soucis.

Pour la première fois depuis six ans la Brunière descendit à la station de X....

Ses jambes fléchissaient sous un corps d'une extrême faiblesse; le baron ne s'inquiéta pas de ces phénomènes semblables à ceux d'un prisonnier mis en liberté après une longue détention.

Son émotion était si vive, et en même temps son impatience si grande d'avoir des nouvelles de celle qu'il aimait, qu'il franchit d'un trait la montagne tortueuse de la petite ville, laissant en arrière son valet de chambre qui, n'étant pas soutenu par la passion, se traînait plutôt qu'il ne marchait.

Non loin du pavillon est située l'auberge de la *Pomme-d'Or* une ferme plutôt qu'un hôtel. Ce sont de grandes cours, où sont remisés des chariots de rouliers; sur le fumier des poules picorent leur nourriture. D'un pigeonnier à toit en poivrière s'échappent des pigeons qui traversent la cour. Un escalier de meunier conduit à une balustrade de bois qui s'étend autour des chambres. Au dehors, à travers les fenêtres de l'auberge, apparaissent de grandes bassines de cuivre luisantes, et si la porte est petite, la cheminée est vaste et des flots d'une odorante fumée s'en échappent.

La Brunière descendit dans cette hôtellerie. L'hôtesse était avenante, gaie et on sait à quelles conditions tiennent les affirmations des meilleurs observateurs. Le baron, rien que par son entrée à l'auberge, jugea les habitants de X... plus sociables que dans tout autre pays. Immédiatement il alla faire le tour du pavillon en briques, dont la porte donnait sur une petite place, en face même de la chambre que l'hôtesse avait choisie pour lui au premier étage.

Assis sur le tunnel, ce pavillon était calme et propre comme une maison hollandaise. De grands rosiers en espaliers servaient d'ornement à la porte et les fleurs grimpaient jusqu'à la fenêtre du premier étage, semblant demander la faveur d'être cueillies.

Aucun mouvement intérieur ne se faisait remarquer dans le pavillon. Plongé dans ses réflexions, la Brunière suivait machinalement du regard la longue voie ferrée, que si longtemps il avait parcourue sans se douter que le bonheur était au-dessus de ce noir tunnel.

Mais avant tout le préoccupait le souvenir de la jeune fille. Dès le soir, ayant à dessein pris son repas dans la salle commune de l'auberge, la Brunière fit causer l'hôtesse. Par le ton qu'il donnait à la conversation, tout en écoutant les commérages familiers aux hôtesses de petite ville, le pavillon et celle qui l'habitait revenaient à chaque halte de la commère, et la Brunière apprit (avec quelles joies intérieures!) combien les gens de la ville estimaient la jeune orpheline qui vivait de ses ouvrages de broderie.

Sauf les courses qu'exigeait son travail, Jenny Brell sortait rarement; on ne l'avait jamais vue se livrer aux plaisirs de son âge. Une lampe allumée chaque soir était l'enseigne de sa vigilance.

Le cœur plein d'ivresse, le baron se coucha, attendant avec impatience les premiers rayons du jour. Il était arrivé de nuit à X...; il voulait voir la ville le matin. A peine les portes de l'auberge ouvertes, la Brunière était sur pied, admirant l'horizon étendu qui se déroule au pied du pavillon de briques.

La ville est bâtie sur un coteau au bas duquel coule une claire rivière. Le baron fit le tour de la montagne. Dans les champs travaillaient les laboureurs; les paysannes, de grands seaux de lait sur la tête, souriaient à l'étranger. De lourdes voitures chargées de fruits montaient la côte, conduites par de joyeux charretiers.

Tous les habitants que la Brunière rencontra lui parurent bons, polis, affectueux.

Le joli pays pour se reposer et terminer ses jours en paix!

La cloche de la quarantaine allait sonner pour le baron. C'est le premier avertissement du repos. Le voyageur avait usé de tous les plaisirs et il a été dit quelle amère liqueur il trouva au fond de la coupe.

Une jeune fille se présentait avec les qualités nécessaires pour une union que la Brunière envisageait comme le parfait bonheur.

Un mois il resta à la fenêtre de l'auberge, épiant les démarches de celle qu'il rêvait pour compagne. Grave affaire que le mariage pour un homme qui se connaissait des germes de misanthropie ! Il ne voulait pas prendre l'engagement à l'aventure.

Rarement la Brunière parvint à entrevoir la jeune fille; mais il l'étudiait par mille choses qui l'entouraient : la cage d'oiseau pendue à la fenêtre, les rosiers de la porte, chaque brique du pavillon.

Pour que sa présence dans la ville ne fût pas soupçonnée, deux fois par semaine il reprenait la voie ferrée, et de son wagon se montrait aux yeux de la jeune fille, qui aujourd'hui souriait amicalement au voyageur errant.

Le sort en était jeté. Le baron, décidé à se fixer dans le pays, traita d'une grande propriété qui du sommet du coteau de la ville descend jusqu'à la rivière; avec la propriété il fit marché du petit pavillon de briques y attenant.

Son titre de propriétaire lui en ouvrirait les portes : ainsi il se présenterait naturellement auprès de la jeune fille et pourrait l'étudier de près.

La terre qu'acheta le voyageur était médiocrement entretenue. La mort du propriétaire datait d'un an. Déjà les branches des arbres, heureuses de revenir à la liberté, se jouaient en paix dans les sombres allées de verdure. De mauvaises herbes semblaient s'être coalisées pour étouffer les fleurs : on eût dit des plantes jalouses des couleurs et des parfums.

La Brunière se dit avec quelle joie il introduirait en compagnie de l'orpheline l'harmonie dans ce jardin. Ayant pris rendez-vous avec un notaire du pays pour visiter le pavillon, rarement il éprouva une telle émotion. De cette visite dépendait son bonheur !

Une vive rougeur monta aux joues de Jenny Brell quand elle ouvrit au voyageur. Et si la Brunière fut frappé de la délicatesse des traits de la jeune fille, tout ce qui l'entourait le confirma dans l'opinion qu'enfin il avait trouvé celle qu'il rêvait.

L'orpheline montra les petites chambres qui composaient un logement en harmonie avec ses goûts; jusqu'aux bouquets des papiers de tenture faisaient penser à la chaste vie de la jeune fille.

La Brunière revint à l'auberge plein d'allégresse. S'il regrettait d'avoir dépensé sa vie en six années de solitude volontaire, il leur devait d'avoir rencontré Jenny Brell.

Toutes les plaies de son cœur étaient cicatrisées. Maintenant naissaient des fleurs sur un terrain qu'il croyait aride à jamais.

L'air de la montagne, des courses dans les environs, la vue du paysage dont il ne pouvait se rassasier, la fréquentation de quelques braves gens du pays, tout le confirma dans l'idée qu'il avait enfin trouvé le bonheur.

Une seconde visite à Jenny Brell lui permit d'étudier l'orpheline de plus près. A la troisième entrevue il offrit à la jeune fille sa main, sa fortune, son cœur, trop heureux de n'être pas repoussé.

Les hommes qui approchent de la quarantaine redeviennent enfants en amour. Ils recherchent leurs sensations d'il y a vingt ans. La Brunière aimait fortement. Il aima bien plus encore quand l'orpheline remit sa réponse à huit jours de là.

Elle comprenait la gravité d'un tel engagement et n'était-ce pas prouver par ce délai qu'elle envisageait le mariage sérieusement ?

Pendant huit jours la Brunière ne devait

plus se présenter au pavillon. Cette barrière opposée à ses désirs rendait encore plus souhaitable l'union projetée.

La Brunière parlait de Jenny Brell à ceux qu'il rencontrait ; tous le confirmaient dans l'opinion qu'il s'était faite de l'orpheline. Jaloux et jalouses étaient forcés de se taire.

Si Jenny avait condamné sa porte, chaque matin elle ouvrait sa fenêtre et reconfortait le baron par de charmants sourires dans lesquels semblait écrit : espérez. Ces sourires remuaient le cœur de la Brunière et le comblaient de félicités pour la journée. Jamais il n'avait aimé de la sorte. D'exquises tendresses remplissaient son être et lui rendaient ses sensations de jeunesse.

Les huit jours expirés, le cœur battant à tout rompre, la Brunière, malgré son émotion, courut au petit pavillon, se précipita sur la main de Jenny, essayant de faire passer dans cette étreinte tout le bonheur qu'il ressentait. Tout d'abord, les yeux de la jeune fille lui apprirent que ses projets étaient acceptés.

« Ah! Jenny, que je vous aime! » fut sa seule parole.

Souriante et confuse, l'orpheline osait à peine lever les yeux.

Jenny avait une parente que dès lors elle introduisit dans son intérieur; mais la tante par sa présence rendait plus piquants les serrements de main à la dérobée des deux amants. Le soir la vieille dame les accompagnait à la promenade, à quelques pas de distance, et la Brunière pouvait échanger de tendres confidences avec sa future.

Les deux mois nécessaires aux publications de bans semblaient plus longs que deux siècles au baron. Pour ne pas quitter Jenny un instant, il voulut prendre ses repas au pavillon et les jours s'écoulaient tissés de soie.

Quelquefois, de grand matin, la Brunière descendait la montagne pour contempler l'endroit où lui était apparue celle qui avait décidé du bonheur de sa vie.

Le petit pavillon de briques, ses rideaux, les roses grimpantes remplissaient chaque fois de nouvelles félicités le cœur de l'amant qui ne pouvait se lasser d'admirer le cadre, quoique le portrait fût absent.

La Brunière osait à peine croire à son bonheur.

Après tant de tempêtes trouver un port à l'abri des désillusions, troquer une vie errante contre un foyer domestique où sans cesse il rencontrerait d'affectueux regards, ce sont des rayons de soleil qui épanouissent le cœur des natures les plus ulcérées.

Tout ce qui entourait Jenny était un gage de tranquillité et d'attachement à l'intérieur. Nul désir ne faisait briller les yeux de l'orpheline, et quoique le mariage fût proche, Jenny continuait ses travaux à l'aiguille.

Une dernière fois la Brunière se remit en route pour aller choisir lui-même les cadeaux de noce de sa fiancée. Il fit cadeau à la compagnie du Nord du wagon qui ne devait plus lui servir, y mettant pour condition qu'il serait employé au transport de dix pauvres voyageurs en faveur desquels il fonda des passages gratuits. Ceux qui aiment sont tellement heureux qu'ils voudraient faire partager leur bonheur à toute la création.

Retenu par de beaux yeux dans les douceurs de la vie tranquille, la Brunière plaignait maintenant ceux que les chagrins ou la misère font changer de lieux et entraînent dans des pays lointains.

Il revint à quelques jours de là ayant hâté son voyage. Chaque moment qu'il passait loin de Jenny lui semblait une éternité; chaque regard qu'il lui était permis d'échanger avec la jeune fille, il l'eût payé de sa fortune.

Il fallait se presser, conclure le mariage sans perdre un instant. Le notaire, consulté par la Brunière sur la teneur du contrat, avait dit un mot significatif :

« Ne dépassez pas la quarantaine, monsieur le baron. »

D'abord, la Brunière en voulut à l'homme de loi d'avoir révélé cette balance dans les plateaux de laquelle les dix-sept ans de Jenny pesaient si légèrement, les trente-neuf ans du futur si lourdement. Un tel prosaïsme déchirait le voile des illusions pour montrer la triste réalité tapie derrière.

« Suis-je trop âgé ? » se demandait la Brunière qui, se sentant redevenir aimant, éloignait l'idée qu'il pût ne pas être aimé.

D'autres paroles plus graves encore prononcées par le notaire, revenaient sans cesse à l'esprit du baron.

« Ce n'est pas aujourd'hui qu'une telle union est grave.... Songez que dans dix ans vous toucherez à la cinquantaine. »

Cruelles paroles dites avec un ton de bonhomie qui n'en froissait pas moins l'amoureux !

Aussi le voyage au retour lui parut-il long. Il avait hâte de plonger dans les yeux de Jenny et d'y oublier les conseils bourgeois d'un homme d'affaires qui parlait d'âge quand il fallait parler amour.

Au coucher du soleil la Brunière arriva au pavillon. C'était l'heure où Jenny habituellement se promenait dans le petit jardin derrière la maison. En ce moment elle était occupée à semer du pain dans les allées pour qu'à l'aube les oiseaux, trouvant leur pâture, fissent entendre de joyeux cris de remercîments.

La Brunière alla droit à Jenny, et l'émotion qui parut sur la figure de la jeune fille fit que le baron oublia les propos du notaire. Il raconta brièvement son séjour à Paris, appuya sur l'impatience qu'il avait de revenir au plus vite. Jenny souriante écoutait.

Dans un coin du jardin se trouve un puits bordé d'une large margelle. Un sureau touffu égaye de sa verdure la pierre grise. Deux bancs sont adossés au puits de chaque côté, qui permettent de jouir de la fraîcheur pendant les soirs d'été.

Après quelques tours dans le jardin, Jenny lassée par la chaleur s'assit sur un banc, la Brunière sur l'autre, tous deux séparés par la margelle du puits.

Ils étaient seuls à cette heure. La nuit tombante les rendait silencieux. Aucun bruit dans le jardinet. Le recueillement était grand de part et d'autre.

Un désir immodéré de prendre la main de Jenny traversa l'esprit de la Brunière. Le fantôme de sa jeunesse passée le lui conseillait. Un soir, à vingt ans de là, l'amoureux se promenait avec une jeune fille, les mains enlacées dans ses mains. Jamais depuis, une si vive sensation ne s'était reproduite. La Brunière avait vingt ans alors. Et le fantôme de la jeunesse envolée disait : « Parle à ta fiancée un langage que ses dix-huit ans puissent comprendre ! »

Avec émotion la Brunière s'empara de la main de Jenny, malgré sa résistance. Plus la main de l'amoureux insistait, plus la main de la jeune fille s'efforçait de fuir. Ce sont des combats d'une délicatesse impossible à peindre. La main de Jenny était douce et fine; on eût cru que les doigts s'effilaient encore pour se dégager; mais la Brunière, sur ses gardes, les tenait emprisonnés.

Toutefois ce manége n'offrit pas à la Brunière les sensations de vingt ans auparavant. Il avait compté sur l'émotion de Jenny, sur des troubles mystérieux, des moiteurs tapies dans les méandres de la main. Et la jeune fille se tenait sur la réserve. Mais était-il possible que Jenny, seule, à la nuit tombante, dans ce jardin isolé, agît autrement?

C'est à quoi rêva la nuit l'amoureux. La soirée passée près de la margelle du puits, à l'ombre du vieux sureau, fut cependant une ombre de félicité ajoutée à celles qui faisaient présager à la Brunière un avenir de bleues tranquillités. Il est si doux dans une tranquille retraite d'oublier à deux les hommes!

Le lendemain la Brunière fit une promenade dans la campagne avec Jenny, accompagnée de sa parente. Assis sur un tertre sablonneux, le baron écrivit du bout de sa canne le nom de *Jenny* sur le sable. La jeune fille traça également le mot *Jenny*.

L'amoureux avait espéré voir écrire *la Brunière* par sa future! Mais sa gentillesse et sa gaieté faisaient passer par-dessus ces oublis.

Le baron hâta les préparatifs du mariage, et quelques jours après il put mettre le comble à ses vœux. Par une belle journée d'été eut lieu cette union qui d'un misanthrope faisait le plus heureux des mortels. Après la cérémonie nuptiale, les époux se rendirent dans la propriété que la Brunière avait reconnue pour dot à Jenny.

L'entraînant dans un bosquet:

« Êtes-vous heureuse, Jenny? » dit le baron.

La Brunière sentit son cœur se fondre sous le tendre regard de celle qui n'était plus orpheline.

« Votre vie sera la mienne, disait Jenny, vos goûts les miens. »

Le baron crut entendre un ange lui parler.

« Vous m'aimez donc un peu, Jenny ?

— Il y a longtemps que je m'intéressais au voyageur.... seul.... dans ce wagon. »

Le cœur de la Brunière battait à tout rompre.

« Que votre existence devait être triste ! continuait Jenny. Moi aussi quelquefois j'étais soucieuse, à ma fenêtre.... Maintenant nous serons heureux.... Demain, n'est-ce pas, nous irons visiter ce joli wagon ? J'aime tant voyager ! »

# LE PORTE-DRAPEAU

# LE PORTE-DRAPEAU.

SOUVENIRS DE GUERRE DU PREMIER EMPIRE.

I

Des remparts de la ville on voyait se masser dans la plaine les troupes ennemies.

Chaque matin, les habitants pâles et défaits, car leur sommeil, depuis huit jours, n'était qu'une angoisse, se rendaient silencieusement dans les ruelles étroites d'où ils interrogeaient l'horizon.

« A quand notre dernière heure? » se lisaient sur ces bouches amaigries qui tous les jours souffraient une privation nouvelle.

De la campagne, ces yeux creux se reportaient sur la haute tour de la cathédrale, où se dessinait un petit point noir qui pourtant était le salut de la ville. Lui aussi, le commandant de la place interrogeait l'horizon, se disant : « Le secours viendra-t-il à temps ? »

Que de douleurs entassées sur la montagne ! Des naufragés qui ont réussi à se cramponner à un rocher, assaillis tout à coup par les vagues furieuses, ne sont pas plus désespérés.

Au loin, dans la campagne, là où mûrissaient des blés jaunissants, brillaient aujourd'hui des baïonnettes et des canons.

Du haut de ces mêmes remparts, les paisibles habitants allaient voir jadis flamber sur les collines lointaines les joyeux brandons de la Saint-Jean. C'étaient maintenant les feux du bivouac, ceux encore plus cruels d'une ferme ou d'un château incendiés.

Amère anxiété pour de pauvres cultivateurs dont les champs et les semailles étaient foulés et détruits par les campements d'artillerie ! Qu'étaient devenus le toit qui avait si longtemps abrité leurs têtes, les animaux qu'ils n'avaient pu emmener ? Ces feux indiquaient de reste qu'ils étaient tombés en possession de l'ennemi, maltraités, détruits.

Des remparts on pouvait suivre la trace des misères de la guerre, et quoique des arrêtés sévères eussent été pris contre les habitants qui sortiraient de leur demeure pendant le blocus, les sentinelles ne pouvaient interdire aux curieux de regarder par les greniers et les toits des maisons élevées qui bordent les murs de la ville. Aussi, chacun constatait avec terreur que de jour en jour s'épaississait la ceinture d'ennemis qui entouraient la place.

Les nécessités de la défense avaient fait couper les doubles allées d'ormes centenaires qui formaient encore, huit jours auparavant, d'épais ombrages sous les murs des fortifications ; maintenant étaient étendus sur les pelouses des promenades, jadis si riantes, les troncs des arbres abattus.

Les lierres et les plantes grimpantes qui ornaient les fortifications extérieures avaient été arrachés pour dégager l'ouverture des meurtrières. Ces murailles noires, humides et dénudées, semblaient un immense cercueil de pierre préparé pour les assiégés.

A la nuit on entendait la voix hurlante des chiens repoussés de la ville lorsque les habitants des campagnes environnantes vinrent se mettre sous la protection des troupes. Ce sont bouches inutiles que des chiens, en temps de siége ! La municipalité n'avait pas eu le courage de les faire tuer; et ces animaux affamés, sentant leurs maîtres dans la place, poussaient des cris de détresse en courant sur les versants de la montagne.

Un sinistre cri que le cri nocturne des chiens abandonnés ! Ce cri semblait dire :
« La ville sera bombardée; des pères, des

mères et des enfants il ne restera pas plus trace que des murs d'enceinte. »

Ils n'étaient guère plus tranquilles ceux tapis dans le fond des caves où avaient été déposés les meubles précieux, les bijoux, l'or et l'argent; car les hommes pensent à ces misères, même dans les plus grands dangers.

L'enfouissement des richesses et des objets de prix n'empêchant pas les troupes alliées de masser aux abords de la ville bataillons sur bataillons, régiments sur régiments, les peureux et jusqu'aux avares en étaient arrivés à mépriser le repos et la fortune. Qu'ils eussent été heureux, à cette heure, de trouver une issue qui leur permît d'échapper aux armées alliées ! Alors, se représentait à leur esprit quelque pays sauvage où l'homme, adonné à la chasse et à la pêche, ne pense qu'à sa subsistance. Plus de commerce, plus de tromperies, plus d'honneurs, plus de mesquines ambitions de petite ville ! Tous auraient troqué de grand cœur leur situation pour celle de libres bohémiens.

Il semble que la Providence impose parfois aux humains de durs châtiments, guerre ou peste, pour rappeler les hommes au sentiment de la nature.

A une portée de fusil du bas de la montagne se trouvent les bâtiments de la ferme des Berlandières, une ancienne abbaye adossée à des contre-forts solides qui ont résisté aux attaques du temps.

Une jolie tourelle en briques, de l'époque de la fondation du monastère, a été convertie en pigeonnier. Ce pigeonnier donnait de la vie aux bâtiments par les nombreux oiseaux voletant de ci et de là, rentrant se reposer ou sortant pour aller picorer dans les champs voisins.

Les pigeons avaient fui devant les préparatifs de guerre; et la fuite de ces oiseaux semblait indiquer la destruction de la ferme aussi nuisible aux assiégeants qu'aux assiégés.

Si les troupes ennemies s'emparaient de la ferme, de là pouvait être installé le service des bouches à feu contre la ville. C'est pourquoi le général Travot pensa à protéger le versant de la montagne qui regarde la ferme par un corps de troupes qui en fit un solide rempart; pour défendre ce point, Travot n'hésita pas à se séparer de son fidèle aide de camp Chavanne.

Il est d'heureux hommes en qui se résume jeunesse, beauté, vaillance et bonheur. Partout où commandait Chavanne le succès avait suivi ses pas. Il était l'homme de guerre appelé à de hautes destinées : ne doutant jamais, prêt à tout, intrépide à la guerre, doux et presque timide dans la vie, aimé des soldats comme un père, Chavanne était la légende de l'armée malgré sa jeunesse.

On contait de lui des traits qui tenaient du prodige, et on ne savait qu'admirer le plus de sa bravoure ou de sa présence d'esprit.

C'est lui qui, auprès d'Ancône, suivi de quelques soldats d'ordonnance, fut surpris par un corps de trois cents cavaliers de l'armée papale. Les soldats italiens ayant mis le sabre au poing, Chavanne court au commandant romain.

« De quel droit, monsieur, osez-vous faire dégainer? »

Et sans attendre la réponse, d'une voix vibrante il commande aux Italiens :

« Sur-le-champ, sabre au fourreau! »

Les soldats ayant obéi :

« Vite à terre! cria Chavanne; et se retournant vers ses ordonnances. Qu'on conduise les prisonniers au quartier général. »

Par une rare présence d'esprit, Chavanne avait fait trois cents prisonniers dans une surprise où lui et son escorte devaient être infailliblement massacrés.

De tels traits enflamment les hommes qui en sont témoins, car il semble qu'une étoile mystérieuse veille à la conservation de certains êtres. Pour l'armée, Chavanne était de ces hommes.

Sa figure, jeune encore, était déjà sérieuse ; des méditations semblaient inscrites dans chaque trait de la physionomie de l'aide de camp, qui, au premier abord, eût paru sévère, si l'ardente vivacité de ses yeux noirs n'eût été tempérée par de longs cils caressants et par le plus charmant des sourires, le sourire des hommes méditatifs.

Par une rare faculté, Chavanne était à la fois réfléchi et spontané. L'action et la méditation formaient en lui un parfait équilibre. Avant d'agir, il envisageait tellement les diverses faces d'une question, qu'aussitôt qu'il fallait la résoudre il était prêt.

Le bruit ayant couru la ville que Travot envoyait Chavanne défendre les abords de la montagne, amena quelque espoir au cœur des assiégés. La ville pouvait donc encore être défendue !

Le plan de défense du général consistait

à ne pas laisser les ennemis approcher trop près de la place. Son rempart avancé était la ferme des Berlandières, et il se disait que le jour où serait prise la ferme, il n'aurait plus qu'à rendre les clefs de la ville.

Ce n'est pas que les vivres manquassent; mais la disette d'eau était à craindre sur ce plateau de montagne où les fontaines ne laissent couler que de minces filets. Il ne fallait pas que l'ennemi soupçonnât qu'à côté de la ferme est une source abondante, à laquelle un détachement allait puiser chaque nuit pour les besoins de la place.

Le général Travot avait donc pris la résolution de protéger la ferme des Berlandières, et d'en défendre les abords par un détachement sous les ordres de son aide de camp.

Chavanne ne fut pas du même avis.

« Pour conserver la ferme, dit-il, il faut l'abandonner. »

Travot, surpris, regardait son aide de camp.

« Général, dit Chavanne, si nous faisons un grand étalage de troupes pour défendre la ferme, nous excitons la curiosité de l'ennemi. Le général Kayserling, en voyant tous nos efforts se porter du côté de la ferme, se doutera de l'intérêt que nous avons à la conserver. »

Cette conversation se tenait sur la plateforme de la tour la plus élevée de la cathédrale.

« Pourquoi, dit Chavanne, les alliés n'ont-ils pas encore tenté un coup de main pour s'emparer de la ferme?

— Parce qu'ils savent, dit Travot, qu'ils n'y resteraient pas cinq minutes à l'abri, et qu'avec mon artillerie de rempart j'aurai bientôt mis à bas les vieux murs de l'abbaye.

— Nous sommes du même avis, général, et Kayserling n'attache pas d'importance à s'emparer d'un rempart qui serait détruit en un clin d'œil; mais s'il se doutait que là se fait le ravitaillement de l'eau?

— Nous serions perdus, dit Travot, et chaque soir je remercie Dieu de n'avoir pas à compter un traître ou un déserteur qui indique à nos ennemis la source. »

Alors Chavanne expliqua son plan, qui était de camper à l'opposé de la source, et d'employer ses hommes à quelque travail visible pour tromper le général ennemi et le détourner de l'idée de s'emparer de la ferme des Berlandières.

Les troupes s'ennuyaient de l'inaction d'un état de siége. Avec prudence, Chavanne leur donnerait la distraction d'escarmouches légères, les lançant contre ces soldats aventureux qui, dans toute armée, vont toujours en avant, plus préoccupés de pillage que de gloire.

Travot remercia cordialement Chavanne. Le vieil officier, pour avoir blanchi sous le harnais, n'était pas de ceux qui méprisent les avis de la jeunesse.

La joie régna dans la ville quand la nouvelle officielle fut répandue que Chavanne était chargé de défendre les abords de la place.

L'audacieux officier, posté à la tête d'excellentes troupes, au pied de la montagne, indiquait que le général attendait un renfort du dehors et qu'en agissant ainsi on lui facilitait les voies d'entrée dans la ville assiégée.

Aussi l'émotion fut-elle grande quand, pendant l'inspection des troupes sur le Champ-de-Mars, Chavanne, saisissant le drapeau :

« Je jure, dit-il à Travot, de vous rapporter ce drapeau triomphant.

— Chavanne, embrasse-moi ! » s'écria le vieux général.

L'émotion de Travot gagna le cœur des habitants et électrisa les soldats, qui pendant le défilé criaient : « Vive Travot ! Vive Chavanne ! »

II

Chavanne sortit de la ville au soleil levant, au bruit des trompettes et des tambours.

C'est un beau spectacle que le défilé de troupes sur une montagne !

La montagne qui conduit à la ville assiégée est large, ondoyante et rapide. Des détours succèdent à des détours. La route disparaît tout à coup, reparaît à travers des massifs de verdure et semble la nymphe se cachant derrière les saules.

Sur la montagne, les chevaux caracolaient gaiement; les plumets, les broderies, l'écarlate des uniformes, le fer des baïonnettes, l'acier des sabres brillaient aux premiers rayons du soleil.

Les soldats montraient de la bonne humeur. C'était une sorte de promenade militaire dont on donnait le spectacle à l'ennemi.

Du haut de la citadelle, Travot, une longue-vue à la main, étudiait l'impression qu'un tel mouvement de troupes devait produire dans le camp des alliés. En effet ce bruit de tambours et de trompettes n'eût-il pas éveillé l'attention des assiégeants, que la sortie de la ville d'un fort détachement donnait nécessairement à réfléchir à Kayserling.

Plein de surprise, le général autrichien, lui aussi, suivait avec une longue-vue ce déploiement que les accidents de la montagne faisaient paraître plus important qu'il ne l'était en réalité.

Un moment, Kayserling crut que ces soldats tenteraient de traverser l'épaisse ceinture de troupes qui environnaient la ville. Les étrangers, quoique l'art de guerre soit une affaire de mathématiques, s'attendent de la part des Français à toutes sortes de hardiesses qui dérangent les théories stratégiques.

« Il n'en rentrera pas un dans la ville, » se dit Kayserling.

Puis il pensa que les troupes affamées, ne pouvant tenir sur le plateau, avaient résolu de se rendre. Et il attendit les parlementaires, quoiqu'une telle sortie ne soit pas dans les habitudes de guerre, car c'était se rendre à merci, livrer une armée avant de savoir à quelles conditions lui, Kayserling, accepterait la reddition de la place.

Et il se frottait les mains, réfléchissant déjà aux dures conditions que l'aigle autrichien infligerait aux innocents moutons qui, d'eux-mêmes, venaient se mettre dans ses serres. Cependant, une excellente lunette lui permettant de suivre la marche des troupes, il s'étonna de la tenue des soldats et de l'ordre qui régnait dans le défilé.

Quelle est l'armée pressentant la défaite qui obéit à ses chefs, garde ses rangs, fait sonner clairons et trompettes, et ne porte pas la crosse en l'air et le canon du fusil vers la terre en signe de deuil?

Rien dans la tenue des troupes qui descendaient la montagne, ne faisait présager de débâcle. Piétons et cavaliers marchaient alertes et francs, en soldats, qu'on passe le mot, qui ont mangé la soupe du matin.

« C'est une parade pour me narguer, » pensa Kayserling, qui ne remarquait ni artillerie ni train d'équipages.

En effet, Travot n'avait pas voulu exposer à un coup de main ses pièces de canon dont le déplacement eût été difficile dans une longue montée.

Les troupes de Chavanne étant arrivées à

une demi-portée de fusil de la ferme, Kayserling s'imagina qu'elles allaient défendre une position à laquelle il avait vaguement songé, sans soupçonner toutefois l'importance que la source donnait à l'ancienne abbaye; mais l'aide de camp s'enfonça dans l'intérieur du faubourg et déboucha bientôt sur les versants qui font face à la citadelle, car la montagne, creusée en forme de fauteuil, offre deux bras, l'un protégé par la citadelle qui défend la route des Ardennes, l'autre regardant Paris.

Or, Chavanne, en s'établissant sur les flancs de la montagne qui fait face à la capitale, renversa d'un coup toutes les inductions du général autrichien.

Paris n'avait pas à cette heure besoin d'être défendu, diverses places fortes succédant à la ville assiégée dont il fallait s'emparer d'abord, avant de continuer une route victorieuse sur la capitale.

Quel pouvait être le but de ces troupes massées sur un point qu'il était inutile d'attaquer ? C'est ce que Kayserling ne comprenait pas. Il avait assez d'hommes sur les routes pour empêcher le ravitaillement de la place. Le blocus était absolu, et les espions qui rôdaient dans les campagnes environnantes s'accordaient tous sur l'impossibilité de faire entrer un convoi de munitions dans la ville assiégée.

La défense d'une simple fontaine avait nécessité cette parade de Chavanne.

Comme les ingénieurs autrichiens ne soupçonnaient pas l'existence de cette source et n'avaient pas signalé le mince produit des fontaines de la ville, Kayserling ne pouvait percer la feinte qui donnait raison au mot de Chavanne :

« Pour défendre la fontaine, abandonnons-la. »

Pendant deux jours, Kayserling réfléchit à l'énigme sans en trouver le mot. L'homme qui veut lire dans la pensée d'un être réfléchi a besoin lui-même d'être un esprit réfléchi ; il suffit d'un coup d'œil pour que deux intelligences se comprennent; mais l'Autrichien, avec sa précision mathématique en matière de guerre, ne pouvait pénétrer dans les rouages secrets des conceptions de Chavanne, qu'un sauvage eût peut-être saisies du premier coup.

Chavanne, lui, n'avait pas besoin d'étudier avec une longue-vue les positions de l'ennemi. Il appartenait à cette rare classe d'hommes dont la pensée traverse les espaces. L'induction était sa tactique, aussi précise que celle d'une bombe dont un habile ingénieur a calculé la projection; les exquises facultés de l'aide de camp représentèrent dans son cerveau les mouvements que ses propres mouvements excitaient dans le camp ennemi. Il entendait les paroles du général autrichien, le suivait dans ses réflexions. Aussi, cet officier à la figure sérieuse se souriait quelquefois à lui-même et se laissait aller à des rires imprévus qui étonnaient ses amis eux-mêmes.

Il gagna ainsi six jours par de fausses

manœuvres. Travot lui avait demandé de tenir bon une huitaine.

Il fallait à l'Empereur des marches forcées pour venir au secours de la ville bloquée. Au bout de huit jours, une grande bataille devait se donner dans la plaine, qui déciderait du sort de la place.

Le septième jour, Kayserling eut la vague idée qu'il avait été pris pour dupe. La ville ne recevait de vivres d'aucune part et ne semblait pas prête à capituler. La tranquillité des assiégés cachait un mystère auquel se rattachait certainement la présence de Chavanne sur le versant de l'ouest.

Le général ennemi s'aperçut seulement au bout d'une semaine qu'il était tombé dans un piége. Il le comprenait en inspectant ses troupes. Toutes ces faces froides autrichiennes, dont la bouche ne laisse échapper aucun murmure, le regardaient avec de grands yeux étonnés qui pouvaient bien contenir quelque malice. Des voix intérieures criaient à Kayserling : Tu t'es laissé jouer. Le matin, le général, en entendant le chant des oiseaux, croyait y surprendre quelque raillerie. Jusqu'aux atomes eux-mêmes, voltigeant dans un rayon de soleil, lui paraissaient satiriques et cornus.

Grand fut le dépit de Kayserling, les gens épais du Nord étant blessés particulièrement des plaisanteries auxquelles ils se sentent incapables de répondre.

Kayserling ordonna un grand mouvement de troupes. Dans quel but? Il n'en savait rien. Il voulait remuer ses soldats.

Le matin du septième jour le trouva avancé dans la direction de la ferme des Berlandières, et cela sans parti pris.

Chavanne crut que l'ennemi avait découvert la fontaine, car c'était un fait bizarre que les hydrographes autrichiens attachés au corps du génie ne se fussent pas rendu compte, par la nature de la montagne, qu'il était impossible que le plateau suffît à fournir de l'eau à toute une armée. Si l'eau ne venait pas d'en haut, elle venait d'en bas.

Comment le général n'avait-il pas fait battre le pays pour détruire les sources et s'en emparer? Manque de tactique qui annonçait que le camp des alliés ne renfermait pas de géologue.

Et pourtant Kayserling avait flairé une ruse. Les esprits concentrés de l'Allemagne sont lents dans leurs déductions; mais quand ils arrivent à en dénouer l'écheveau, avec quelle certitude!

Lentement l'armée ennemie s'avançait dans la direction de la fontaine, et Travot laissait se masser des troupes qu'il eût été facile d'insulter avec des boulets ou des obus.

Chavanne avait reçu l'ordre de tenir bon pendant huit jours. Il tint bon, regrettant toutefois de n'être pas protégé par le feu des remparts, car l'armée autrichienne resserrait le cercle étroit qui entourait la ville, et jusqu'à l'horizon s'étendait une ceinture de troupes compactes.

« Si le général ne défend pas la fontaine, pensa Chavanne, je la défendrai. »

Il calculait que les troupes venant au secours de la ville avaient pu être arrêtées dans leur marche par quelque accident imprévu, et le moindre retard nécessitait la défense de la source. Mieux vaut quatre jours sans pain pour une armée que quatre jours sans eau. Chavanne jugea prudent d'envoyer une estafette à Travot, qu'on voyait à peine dans la ville, car il passait des journées anxieuses sur la tour de la cathédrale, épiant à l'horirizon le moindre mouvement qui annonçât un renfort à la ville.

« Chavanne, tiens bon. »

Telle fut la réponse de Travot.

Cependant Chavanne distingua un détachement de mineurs en marche dans la direction de la ferme, avec leur matériel.

C'en était fait : le siége de la ville allait commencer régulièrement. Des retranchements étaient dessinés, qui sont les premiers signaux d'un état de siége. Sans doute la ville n'était pas exposée au bombardement, la hauteur de la montagne la protégeant;

mais la fontaine, le seul ravitaillement d'eau de l'armée !

Dès lors, Travot commença une vive canonnade qui renversa les premiers travaux de l'ennemi, et les Autrichiens reculèrent devant le feu de la place,

« Ils reviendront la nuit, » pensa Chavanne.

En effet, vers minuit, quelque imperceptible que fût un bruit lointain, Chavanne mit la moitié de ses hommes en campagne. Il ne s'était pas trompé. Les mineurs autrichiens avaient repris leurs travaux.

Ce fut un singulier combat que celui de ces deux avant-postes qui avaient à maîtriser leur ardeur. Le ciel était sombre. Il fallait se battre avec prudence sous peine de faire entre-tuer les hommes du même corps.

Chavanne arrêta les mineurs. Le lendemain, un certain parcours aux environs de la fontaine était libre ; mais des deux côtés avaient été formés des fossés et des ravins déjà protégés par des fascines. Ces retranchements, à peine un mètre est-il creusé, ne s'arrêtent plus et s'étendent comme un trou de taupe. Chavanne savait qu'il ne pourrait les détruire sans en voir recommencer d'autres, et le neuvième jour arrivait où la place serait forcée de se rendre.

Se rendre! Quel mot pour un soldat! On a vu des généraux dont les cheveux ont blanchi la veille d'une capitulation.

Chavanne n'hésita plus. Ayant passé l'inspection de ses soldats :

« Mes amis, s'écria-t-il, si nous ne détruisons les retranchements, la ville est perdue. J'ai promis au général de rapporter notre drapeau glorieux. Courage et suivez-moi! »

Pleines de vaillance, les troupes se mirent en marche. On alla d'abord aux deux tronçons des tranchées les plus voisines de la fontaine, et ce fut un massacre de pionniers surpris dans leurs travaux souterrains. Vraiment c'était une conquête trop facile, et Chavanne s'étonnait de ne pas voir Kayserling défendre ses ouvrages avancés. Il ne s'étonna pas longtemps. D'un petit bois touffu sortirent tout à coup des baïonnettes aussi serrées que l'herbe des prés.

D'un coup d'œil Chavanne évalua le chiffre de ses ennemis. Ils étaient dix contre un. Le chiffre mit en belle humeur l'aide de camp, qui avait l'amour du sabre : c'était sa gymnastique d'esprit réfléchi.

« En avant! s'écria-t-il.

Comme un mur qui croule, les Français tombèrent sur l'ennemi, qui se laissa trouer par le milieu. Un cerf, dans un champ de blés, ne couche pas plus d'épis. Là où avait passé Chavanne, fut un sillon de blessés, de morts, d'armes fourbues, de sang. La secousse fut si vive, si imprévue, — un éclair, — que les Français n'avaient pas perdu cinquante hommes dans une trouée où les Autrichiens en laissèrent cinq cents. Une batterie vomissant le feu contre un bataillon n'eût pas accompli un tel résultat.

Mais, les lignes traversées, Chavanne vit se rapprocher les deux tronçons du corps ennemi qu'encore une fois, pour regagner les glacis de la montagne, il fallait couper de nouveau. Le danger était imminent. Chavanne se trouvait en rase campagne entre le camp des alliés et des avant-postes. Le seul espoir d'échapper à ce formidable cordon de troupes était dans une marche précipitée pour tourner l'aile du détachement que tout à l'heure il avait traversée par surprise; mais quelle course pour des hommes dont une partie était à pied !

« Mes amis, dit Chavanne à ses soldats, nous allons de nouveau traverser l'avant-poste. »

A l'attitude de ses troupes, il comprit l'hésitation de gens qui, ayant flairé le danger pour y avoir passé, en ont conservé une sorte d'émoi paralysant. Un audacieux coup de main ne se renouvelle pas deux fois dans la même journée.

Tout à coup, levant le bras vers la tour de

la cathédrale au sommet de laquelle brillait un point rouge :

« La ville est sauvée ! s'écria Chavanne, voilà le signal de l'arrivée de l'Empereur. Dans deux heures, voulez-vous embrasser vos camarades ?

— Oui, dirent les soldats.

— En avant donc ! » cria Chavanne.

Lançant son cheval à la tête de la cavalerie, il arriva devant les troupes ennemies, impassibles, attendant comment tomberait cette fois le mur français.

Les Autrichiens cédèrent au premier choc et Chavanne, suivi de sa cavalerie, pénétra dans les rangs ennemis avec aussi peu de résistance qu'un général qui passe une inspection ; mais les lignes se refermèrent aussitôt derrière les cavaliers et repoussèrent l'infanterie.

Chavanne était tombé dans un piége, enserré dans les baïonnettes, séparé de ses hardis fusiliers, pris au centre d'un bataillon carré considérable. D'abord il ne s'en inquiéta pas dans le feu de son animation, et joua du sabre ; mais ce fut un rude combat que cette lutte à l'arme blanche, baïonnettes contre sabres, hommes contre chevaux, et il semblait qu'aucun des cavaliers de Chavanne ne pût sortir de ces lignes hérissées.

Un carcan de fer entourait Chavanne et se resserrait de plus en plus. Les chevaux grimpaient les uns sur les autres, essayant de sauter par-dessus les baïonnettes, et retombaient, rugissant plus encore d'obstacles insurmontables que des blessures qui entr'ouvraient leurs flancs. Personne ne tombait, tant hommes et chevaux étaient pressés ; mais les hennissements des animaux répondaient aux cris désespérés des cavaliers comme l'écume blanche se mêlait au sang.

Une telle lutte ne pouvait durer longtemps ; même sans recevoir de blessures, les hommes y eussent usé leurs nerfs.

Une nouvelle poussée rétrécit le cercle

étroit formé autour des cavaliers. Ce fut alors qu'on entendit la voix de Chavanne, qui criait et de quelle voix!

« A moi, France, à moi! »

Au milieu du danger, l'intrépide aide de camp avait deviné le secours qu'en dehors de ce cercle tentait de lui porter son infanterie revenant à la charge. Ce fut une nouvelle trouée qui rejeta les ennemis jusque sous le poitrail des chevaux des cavaliers de Chavanne.

Le cercle magique était rompu. Une brèche ayant été ouverte, les Français acculés l'agrandirent. Du milieu d'un monceau de cadavres s'échappa miraculeusement Chavanne avec trente hommes. Il avait chargé deux mille Autrichiens à la tête de trois cents cavaliers!

Cet acte inopiné des troupes à pied terrifia l'ennemi. Alors Chavanne put regagner l'avant-poste de la montagne; mais dans quel état!

Des trente cavaliers survivants, pas un

qui ne fût couvert de blessures. Seul, Chavanne, protégé par une cuirasse, ne montrait pas trace de sang à la poitrine, et plus fièrement que jamais portait haut l'aigle du régiment.

Ayant commandé à ses troupes de reprendre le chemin de la ville :

« Cette nuit, dit-il, on relèvera les morts. »

Les sapeurs avaient allumé des torches pour éclairer la route, Chavanne en appela deux.

« Je me sens faible, dit-il, et je crains de ne pouvoir me tenir à cheval. Soutenez-moi par la main, mes braves, pendant le trajet de la montagne. »

Alors le défilé de ce qui restait du détachement se mit en marche.

« Maintenant, dit Chavanne, tambours, battez, clairons, sonnez. »

Ces intrépides soldats laissaient sur le champ de bataille plus des deux tiers de leurs camarades ; eux-mêmes souffraient de vives blessures. Les trompettes n'en sonnaient pas moins joyeusement, et il y avait quelque chose de triomphant dans la batterie des tambours du corps qui avait dégagé Chavanne.

Un beau spectacle pour la troupe, que les maisons illuminées qui semblaient annoncer une fête. Les vieux remparts étaient couverts de feux joyeux; tous les habitants, torche en main, se préparaient à faire fête à Chavanne.

A la porte de la ville, les hommes d'avant-garde ayant échangé le mot de passe, lentement s'abaissa le pont-levis gothique par lequel Chavanne allait faire une entrée triomphale.

Aux alentours des vieilles fortifications sont de petites maisons basses à pignons, qui ont conservé la physionomie du moyen âge.

Les héroïques acteurs qui rentraient en ville répondaient à ce décor.

Chavanne, plus pâle que sa cuirasse, appuyait le drapeau sur son cœur; derrière lui défilaient les blessés en habits déchirés, qui à cette heure ne sentaient pas leurs souffrances.

« Vive Chavanne! » cria la foule.

Lui restait sévère et sérieux.

Aux fenêtres, les mouchoirs s'agitaient pour saluer son retour.

Chavanne était grave comme le père d'Hamlet sur la plate-forme d'Elseneur.

Les tambours de la ville répondaient aux tambours du détachement, les trompettes aux trompettes, les clairons aux clairons.

Sur la cuirasse de Chavanne, à demi cachée par les couleurs brillantes du drapeau, se jouait la lumière des torches.

« Qu'il est brave! pensaient les jeunes gens émus.

— Qu'il est beau! » disaient les jeunes filles, agitant aux fenêtres leurs mouchoirs.

Des fleurs étaient lancées sur le passage de Chavanne qui semblait la statue du Commandeur.

Des larmes d'enthousiasme coulaient des yeux des mères et des filles, des femmes et des garçons.

Les vieillards levaient les mains au ciel, ne se rappelant pas pareille figure héroïque.

De chaque maison devant laquelle passait le cortége s'échappaient de nouveaux cris :

« Vive Chavanne ! »

Et les soldats électrisés criaient :

« Vive Chavanne ! »

Le cortége arriva ainsi à la place d'armes où toute l'armée attendait l'aide de camp pour lui préparer un triomphe.

Travot, sautant à bas de cheval, courut à son aide de camp et l'embrassa; mais les lèvres du vieux général frémirent, ayant embrassé du marbre.

Chavanne était mort!

Blessé mortellement au défaut de la cuirasse, Chavanne avait senti la vie s'échapper peu à peu par ses blessures. Il espérait arriver assez tôt pour serrer dans ses bras le vieux Travot; son dernier souffle s'était exhalé de sa poitrine pendant le défilé de la montagne.

Les braves qui le soutenaient croyaient protéger leur commandant affaibli. Ils épaulaient un cadavre; mais suivant sa promesse, ce fils du Cid rapportait le drapeau triomphant.

# LE POËTE PUCE

# LE POËTE PUCE.

---

« La perruque ou les sabots ! criait dans la brasserie de la rue des Martyrs un petit homme plein d'animation.

— Ce Puce va-t-il recommencer son train de tous les soirs ? dit un joueur de dominos exaspéré.

— La perruque ou les sabots ! » répéta d'une voix glapissante le poëte Puce, se tenant sur la pointe des pieds pour se grandir.

La brasserie de la rue des Martyrs était remplie ce soir-là de futurs peintres, de futurs poëtes et de futurs journalistes, qui, groupés à diverses tables, discutaient ardemment une pièce nouvelle qu'aucun d'eux n'avait été voir.

« La perruque ou les sabots ! » cria d'un ton plus aigu Puce grimpé sur la banquette.

« Te tairas-tu, Puce ? » dit Mademoiselle Titine en le tirant par un pan de son paletot.

A travers toutes les tables circulait un être pâle, cravaté d'une ficelle blanche, le buste serré dans un habit noir râpé, qui distribuait avec solennité des poignées de main à chacun des habitués. Il s'arrêtait rarement sinon pour tendre l'oreille à la discussion.

« N'est-il pas vrai, Bougon, lui cria Puce, qu'il faut choisir entre la perruque ou les sabots ?

— Ce Puce est insupportable, » disaient les causeurs des tables voisines où les conférences sur la littérature et la peinture, seules conversations tolérées dans l'établissement, avaient été interrompues par le verbe aigu de Puce.

Le philosophe Bougon, en s'arrêtant devant la table du poëte, lui prêta l'appui de son autorité, car que serait-il arrivé du pauvre petit Puce, si tous ces jeunes gens coiffés de chapeaux calabrais, habillés de vareuses rouges, chevelus comme Absalon et barbus comme des lions, lui eussent enjoint de ne pas troubler à son profit la tranquillité d'un établissement destiné à élucider chaque soir d'importantes questions?

La vérité est que, par la soudaineté bruyante et toute personnelle avec laquelle Puce provoquait la discussion, il blessait l'amour-propre des habitués dont le rêve était de jouer un rôle dans cette brasserie.

Bougon s'étant assis à la table de Puce, l'intérêt fit place aux sourdes rancunes de la jalousie, car le philosophe, le seul toléré par cette folle jeunesse malgré sa quarantaine, passait pour « avoir des principes. »

Principes politiques, principes littéraires, principes artistiques représentés par l'habit râpé, la ficelle blanche au col, le chapeau crasseux ; mais ce n'en étaient pas moins des principes, et, grâce à ces principes, Bougon était comme la mère de ces jeunes gens qui imploraient un coup d'œil du maître, tenaient à honneur de l'arrêter dans sa marche à travers l'établissement et recevaient comme un brevet de génie la moindre poignée de main que cet *ancien Polonais* de l'art distribuait sur les trottoirs du faubourg Montmartre.

« La perruque ou les sabots ! » s'écria de nouveau Puce, qui, voyant s'asseoir Bougon à sa table, lança un long regard sur un jeune homme en cravate groseille, réellement atterré.

— Chope, cigares ! dit d'un ton de commandement Bougon à Baptiste, qui, la serviette sous le bras, le nez en l'air, prêtait une oreille attentive à l'orateur.

— Tu vas voir, Trute, que le philosophe

est de mon avis, » s'écria le poëte Puce, heureux de compter un tel allié au nombre de ses auditeurs.

Bougon jeta un regard sur le groupe au-dessus duquel pyramidait le petit orateur, ayant à ses côtés Titine, sa maîtresse, le sceptique Bigle aux lèvres minces, et l'honnête Lavertugeon qui regardait non sans terreur le jeune homme à la cravate groseille, pâlissant et rougissant tour à tour sous les regards de son adversaire.

Terrible adversaire que ce Puce, qui, ne dédaignait aucuns moyens d'accabler celui qui osait se mesurer avec lui, gambadait et tournoyait comme pour lui donner le vertige, choquait les verres contre les canettes, s'emparait des queues de billard pour les employer à ses démonstrations, sautait sur les banquettes, se laissait rouler tout à coup sous la table afin d'échapper à un argument décisif et se livrait à toutes sortes d'extraordinaires pantomimes!

« Bougon, je te fais juge de la question, »

s'écria Puce, du haut de la banquette où il était grimpé pour le moment.

Le philosophe fit un geste pour inviter l'orateur à descendre. Cet homme à principes exigeait des moyens oratoires décents. D'un bond, Puce se laissa couler sur le banc.

« Enfin ! » dit Titine, fière de contempler son amant face à face.

« Bougon, voici M. Trute, mon ami.... Nous avons dîné ensemble.

— Et moi, dit Titine, je suis restée comme un petit Saint-Jean seule à la maison.

— Ce repas, fit Puce en faisant signe à sa maîtresse de se taire, aurait été tout à fait exquis, si Trute n'avait pas empoisonné le dessert par des principes arriérés et choquants à tel point que j'en ai conservé une certaine pesanteur sur l'estomac.

— Bien fait, murmura Titine.

— Trute, reprit Puce, commande donc un moss !

— La bière, dit Bigle en clignotant des yeux, est excellente pour dissiper les lourdeurs de la digestion.

— J'aime mieux la Chartreuse, » dit Titine.

Le nouveau venu, pour échapper par ses libéralités aux dures récriminations de son ami, demanda à Baptiste de la bière, espérant peut-être y noyer les flots de paroles de Puce; mais l'orateur n'était pas disposé à s'arrêter.

« Cette bière passera-t-elle? s'écria le poëte en avalant d'un trait sa chope. Enfin, nous verrons bien.... Monsieur se destine aux lettres, dit-il en présentant Trute au philosophe.

— C'est le plus sain emploi des facultés intellectuelles, répondit gravement Bougon.

— Mais ce jeune homme, continua Puce, a reçu une déplorable éducation. Trute, lève la tête et ne crains pas de regarder en face le philosophe qui te fait l'honneur de s'asseoir en face de toi.... Tu appartiens, il est vrai, à une famille imbue de préjugés, qui a semé dans ton esprit les principes les plus faux. Il est temps encore de les extirper.... As-tu de ces excellents petits cigares de tout-à-l'heure? Bougon en acceptera bien un. »

Trute ouvrit son porte-cigares vide.

« Lavertugeon aura tout fumé, dit Puce. S'il ne parle pas, il fume toujours. Lavertugeon, tu vas être opprimé d'un paquet de cigares pour éclairer la discussion. »

Les traits du peintre Lavertugeon se tendirent.

« Je cours en acheter, dit Trute, qui subitement se leva.

— Non! s'écria Puce en le retenant par la manche.... Donne quelque monnaie à Lavertugeon qui s'empressera d'aller querir un paquet de ces bons petits cigares. »

Le peintre était déjà à la porte.

« Prends-en deux paquets par la même occasion, » lui cria le poète.

« Je t'avertis, Puce, s'écria Titine, que si on reste à rien faire, je m'en vais danser à la Boule-Noire.

— Elle n'entend rien à la littérature, dit Puce à son ami.... Appelle Baptiste, qu'il apporte à Titine quelque choucroute en y joignant deux œufs sur le plat.

— Deux œufs? reprit Titine. Me prends-tu pour une grive? Baptiste, une forte choucroute et six œufs sur le plat.

— Il n'y a que ce moyen de la dompter, soupira Puce philosophiquement.

— Ce n'est pas juste non plus, disait en confidence Titine à Bigle.... Monsieur va se gorger au restaurant et il me laisse, l'estomac creux, sans le sou à la maison.

— Pourquoi n'avez-vous pas demandé une bonne omelette au lard d'une douzaine d'œufs? » répondait Bigle compatissant aux peines d'estomac de la jeune dame.

Lavertugeon était revenu avec les cigares. La choucroute fumait dans un plateau devant l'ignorante Titine. Puce reprit le fil de son discours.

« Tu ne devinerais jamais quel sentier a pris Trute pour pénétrer dans le sanctuaire des lettres !... Il est en train d'annoter un manuscrit du nommé la Chabussière.

— La Chabussière ! s'écria Bougon.

— Regarde, Trute, dans quel effroi tu plonges notre illustre philosophe !

— Je boirais bien, dit Bougon, un verre de vieille.

— Il y a de quoi. Lavertugeon, as-tu jamais entendu parler de la Chabussière ? »

Le peintre leva les mains en l'air pour protester de son étonnement.

« Connaît-on un portrait de la Chabussière dans les galeries de Versailles ?

— Versailles ! Je ne fréquente pas de pareils endroits, dit Lavertugeon.

— Et tu as raison. Bigle non plus ne connaît pas la Chabussière ?

— Il faudrait, dit Bigle, consulter notre savant bibliophile Corbineau.

— Corbineau, dit Titine, est allé dans la forêt de Fontainebleau pour faire un travail sur les bibliothèques.

— Vous avez admis le prétentieux Corbineau au nombre des *Amis de la nature*, et voilà ce qu'il vous prépare, un travail sur les bibliothèques du royaume. C'est bien fait pour vous.... Enfin, ajouta Puce, il est possible que Corbineau ait connaissance de la Chabussière; ils doivent se comprendre, étant tous deux des êtres médiocres.

— Oh! s'écria Trute.

— Il n'y a pas de oh! Ton la Chabussière est une oie appartenant à des époques éloignées que nous n'avons aucun intérêt à connaître. La Chabussière a-t-il laissé un sonnet? S'il avait composé seulement un beau vers, je connaîtrais ce la Chabussière; mais c'est un de ces gens sans importance....

— Il était, dit Trute, mestre de camp sous Louis XV.

— Ah! ah! ah! mestre de camp! s'écria Puce, vraiment j'étouffe... Tant pis pour toi, Titine, si je te prends une pincée de choucroute... La Chabussière, mestre-de-camp ! Et tu t'imagines que notre époque s'inquiète des militaires ?... Titine ne les regarde seulement pas, les militaires !... Bougon, mon jeune ami Trute est-il assez brute de croire aux mestres de camp !... Fais venir un moos, j'étrangle.... Lavertugeon, saisis tes pinceaux et dessine en traits ineffaçables la hure d'un homme qui croit encore aux mestres de camp.... Tu pues le marais, Trute ; on voit bien que tu y demeures.... A boire, la Chabussière, car tu es aussi idiot que ce militaire.... Tu ne t'appelles pas Trute, tu es la Chabussière lui-même.... Avoue que tu as rédigé toi-même ces infects mémoires. Verse à boire ; en remuant le souvenir de ces vieux papiers, tu m'as fait respirer une poussière....

— Corbineau, dit Bigle, affirme que la plupart de ces mémoires contiennent des faits vraiment dramatiques.

— Ces mémoires m'ont paru curieux,

dit Trute, encouragé par cette défense inattendue.

— Trute, n'écoute pas Bigle. Il se moque de Corbineau le bibliothécaire.... Bigle sait bien que la Chabussière n'a jamais existé.... Bougon, qui a lu tous les philosophes anciens et modernes, ne connaît pas la Chabussière.... Baptiste, a-t-il jamais été question, à la brasserie, d'un la Chabussière ?

— Oh! non, monsieur Puce, dit le garçon flatté d'être introduit tout à coup dans la discussion.

— Étant bien démontré que la Chabussière n'a jamais consommé une demi-tasse aux Martyrs, — si Titine n'était pas en train de terminer sa choucroute qui refroidit, je la prendrais également à témoin qu'aucune de ses amies n'a eu la moindre bonté pour ce la Chabussière, — on se demande quelle singulière idée a poussé ton père à te faire annoter un manuscrit bon tout au plus à servir de régal aux rats de bibliothèque.... Je ne m'étonne plus maintenant de la singulière odeur qui m'avait porté à la tête en entrant chez toi.... C'était l'odeur de ces vieux papiers qui sentent aussi mauvais que l'intérieur d'un bureau de contributions directes. Bigle, passe-moi un cigare.... Il faut purifier ta chambre. Ce soir, en rentrant, tu jetteras les mémoires de la Chabussière par la fenêtre.

— Oh! s'écria Trute effrayé.

— Pas de réplique! si tu n'obéis pas, je ne te revois plus.

— Et mon père! s'écria timidement Trute.

— Il n'y a pas de père dans l'art. Si malheureusement pour ton avenir tu accédais à ses vœux, un manuscrit succéderait à un autre et ainsi de suite. Comprend-on qu'un père plonge de gaieté de cœur son fils dans le bourbier du passé? Mais il t'envoie aux bibliothèques, malheureux! Verse à boire! La seule pensée de ces bouquins m'étouffe. Au milieu de ces prisons cellulaires où les livres sont gardés par des grillages de fer, ton cerveau se chargera de faits inutiles. Tu voudras connaître les ascendants et les descendants de la Chabussière ; tu t'enfonceras dans le passé à la recherche des grands parents du mestre de camp, comme aussi il faudra savoir ce que sont devenues ses tantes et ses cousines.... As-tu pensé à la folie de ces in-ves-ti ga-tions? Ta vie se passera ainsi à suivre la piste des la Chabussière. Plus de femmes, plus de ciel bleu, plus de fleurs ? La tête basse, tu seras dévoré par les inductions et les déductions biographiques ; tu bouquineras sur les quais, tu achèteras de vieux palimpsestes pour y chercher la trace de la Chabussière. Je te vois perdu dans une houppelande rousse bourrée de livres, de parchemins et de chartes, et c'est ainsi que ces fatras te feront oublier notre mère à tous, la nature. Encore une chope ! »

Puce peu à peu s'était dressé pour en imposer à son auditoire.

« Titine, s'écria-t-il en grimpant sur la table, est le seul livre que volontiers j'étudie. Prends une maîtresse et tu seras tout de suite au niveau de la science. Mène-la au Moulin de la Galette, danse en sa compagnie au château des Brouillards. Bois, mange, fume, aime beaucoup ! Que l'abominable érudition trouve ton cœur fermé par l'amour ! Regarde depuis les racines des arbres et les bottines des femmes jusqu'aux sommets verdoyants et aux toquets espagnols, décris-les librement sans t'inquiéter des vieilleries du passé, alors tu seras digne de faire partie des Amis de la Nature. Tu improviserais actuellement une petite pièce de poésie sur les œufs que Titine achève que tu rendrais plus de services à l'humanité qu'en annotant la Chabussière. Tout ce qui entre dans le cerveau par les yeux, les oreilles et les doigts, étant décrit sincèrement, prend place dans l'art qui ne connaît rien d'inutile.... Lavertugeon a fait acte d'audacieuse initiative en rompant avec les lisières de l'école, qui jamais ne lui eût permis de peindre un tableau dont les acteurs principaux sont un chandelier de fer et des gouttes de suif qui, en tombant, s'étalent paresseusement sur le pied…. Ainsi tout devient matière à drame…. Nous pouvons bien boire encore un moss…. Baptiste, un moss !… Lavertugeon vendra un jour au poids de l'or cette composition qui n'attend plus, pour être mise sous les yeux d'un public impatient, que quelques allumettes chimiques à côté du chandelier de fer. Tu vois, Trute, combien peu l'art est exigeant. L'objet le plus humble étant réfléchi par le cerveau, se transforme aussitôt en un poëme, en une toile magistrale. Ainsi accomplissent leur mission les hommes nouveaux, les hommes du dix-neuvième siècle. Si ces paroles étaient perdues, si tu ne croyais pas faire de la nature la Notre-Dame de tes invocations quotidiennes, coiffe-toi de la perruque de la Chabussière et ne pense pas à chausser les sabots de la réalité. Ou les sabots ou la perruque ! »

Un murmure flatteur se répandit dans la brasserie à la suite de cette éloquente esthétique.

« J'ai l'estomac creux, dit Puce en descendant de la table.

— Les œufs étaient-ils frais? demanda-t-il à Titine.

— Plus frais que toi!

— Voilà les encouragements que je recueille, dit le poëte.

— Tu m'ennuies avec ta vieille littérature, s'écria Titine.

— Baptiste, apporte-moi quelques œufs sur le plat, avec une forte tranche de jambon.

— Goinfre! s'écria Titine.

— Nous partagerons le jambon, chère enfant. Trute, tu devrais m'imiter…. Une tranche d'York sur un matelas d'œufs cuits à point est un des meilleurs calmants pour l'estomac. »

Mais l'éloquence de Puce troublait le néophyte qui n'avait pas le cœur à la nourriture.

« Baptiste, dit Puce, apporte à Lavertugeon l'ardoise du billard et un morceau de craie. Je crains de n'avoir pas été suffisamment compris. Pendant qu'en mangeant je reprendrai quelques forces, Lavertugeon tracera sur l'ardoise une paire de sabots et une perruque.

— Une perruque! s'écria Lavertugeon plein de trouble ; mais je n'ai pas de perruque sous les yeux.

— Qu'importe! dit Puce.

— Mange et laisse-nous un moment tranquille, fit Titine.

— Tu me recommandes sans cesse, disait Lavertugeon, de ne pas toucher à un crayon que l'objet ne soit sous mes yeux. Il m'est impossible de dessiner une perruque que je ne vois pas.

— Commence par les sabots, si leur profil est plus accentué dans ta mémoire.

— Des sabots, dit Lavertugeon, sont aussi difficiles à rendre que la perruque. Ah! si j'avais les objets face à face!

— Pour aujourd'hui, dit Puce, nous te pardonnons cette infraction aux lois de la nature.

— Moi, dit Titine, je ne te pardonne pas de manger tout le jambon. »

Lavertugeon, le front dans les mains, réfléchissait profondément.

« A quoi penses-tu? demanda Puce.

— Quel sentiment faut-il donner à ces sabots? s'écria mélancoliquement le peintre.

— Quel sentiment! Il ose me le demander! Ton propre sentiment, animal!

— Je n'ai aucun sentiment de ces sabots, dit Lavertugeon blessé.

— Allons, dépêche-toi de dessiner les sabots.

— Les *littérateurs*, dit Lavertugeon en pesant sur le mot avec une intention sarcastique, parlent des arts du dessin avec une légèreté!

— Oh! les arts du dessin! reprit Puce. Si tu crois m'épouvanter avec des termes scolastiques! Dessine les sabots!

— Ne faut-il pas que j'introduise une pensée dans ces sabots?

— Non, pas de pensée pour aujourd'hui.

— Si tu traites ainsi la pensée tout à coup, je ne suis plus qu'un manœuvre.

— Les peintres! les peintres! » s'écria Puce, qui, pour terminer, dessina lui-même à grands traits sur l'ardoise la perruque et les sabots nécessaires à sa démonstration.

Après quoi il mangea avec un vif appétit son souper, sans s'inquiéter des critiques de Lavertugeon, qui prétendait que non-seulement celui qui avait dessiné ces emblèmes n'avait aucun sentiment de la ligne, mais encore qu'il n'avait pas « creusé son sentiment intérieur. »

Cette exhibition attira les buveurs des tables voisines, attendant avec impatience la discussion qui allait s'ensuivre. Autour de Puce se forma un groupe de véritables connaisseurs : des comédiens de Montmartre, des auteurs dramatiques de Bobino, des peintres en décors de la salle de la Tour-d'Auvergne, auxquels s'étaient joints les rédacteurs de *l'Unique*, journal exclusivement destiné à la brasserie des Martyrs et tiré seulement à un exemplaire.

Pour se ménager un auditoire complaisant, Puce commanda une certaine quantité de canettes, qui allèrent s'ajouter au nombre considérable de grès vides entassés sur la table.

« Qui payera toute cette boisson ? » souffla Bigle à l'oreille de Bougon.

Le philosophe répondit par un geste de mépris.

« Tu vois, dit Puce à son ami, combien l'attention est excitée par la thèse que je n'ai fait qu'esquisser et qu'il s'agit de développer. En attendant, messieurs, buvons à la santé de Trute, le nouvel ami de la nature. »

Le cliquetis des chopes fit dresser les oreilles du propriétaire de la brasserie, car la quantité de bière absorbée (presque un petit tonneau) se liquidait pour lui en un certain nombre de francs, et autant Puce était fort en argumentation, autant la question de payement le trouvait faible. Même un ancien compte était rédigé sur un gros registre, avec le titre en grosse anglaise de *Doit Puce*, et sous une longue colonne de chiffres avait été tirée une forte barre en manière de barricade, que depuis plus d'un an déjà il était interdit au poëte d'escalader.

Pâle comme la serviette qu'il tenait sous le bras, le maître de la brasserie calculait mentalement le souper de l'orateur, celui de Titine, et c'était avec le triste regard d'un général vaincu qu'il regardait les nombreuses canettes étendues sur le champ de bataille de la discussion.

La brasserie des Martyrs était un endroit littéraire, il est vrai; mais le propriétaire, pour avoir entendu quotidiennement les mêmes discussions depuis la fondation de l'établissement, ne se souciait pas de mordre aux pommes de l'esthétique. La lecture de *l'Unique* le laissait froid, quoique la rédaction se répandît en éloges outrés sur son compte, et l'immense quantité d'artistes de toute sorte qui fréquentaient sa maison avait usé, par des rapports journaliers, le respect qu'un honnête bourgeois accorde généralement aux lettrés.

Les discussions, les injures, les coups de poing de cette folle jeunesse intéressaient médiocrement le maître de la brasserie, qui se demandait quelquefois si Paris avait besoin d'un si grand nombre de peintres, d'écrivains, de comédiens et d'actrices.

Comme il avait un fils, il se jurait de l'empêcher de se livrer à cet *art* dont il entendait tant parler et qu'il ne voyait jamais pratiquer. Sa confiance d'ailleurs peu à peu fut détruite par l'invasion de certains personnages grossiers qui entraient parfois secouer les buveurs et demander compte d'habits et de nourriture qui leur étaient dus depuis de longues années. Aussi le maître de la brasserie s'inquiétait-il des longues discussions qui amenaient sur les tables plus de canettes que de porte-monnaie.

Quand Puce, en compagnie de Titine, se lançait dans de folles consommations, le chef de l'établissement devenait particulièrement sombre, car le petit poëte était aussi connu par sa bourse percée que par une soif sans égale. Cependant un reste de pitié militait encore pour Puce, qui trouvait quelquefois à l'heure du dénoûment, grâce à une formule d'invitation ambiguë, le moyen de faire ouvrir la bourse de ceux qu'il invitait.

Ayant terminé son repas, Puce reprit :

« Trute, en présence de nos amis, il est temps de choisir entre la perruque de l'histoire et les sabots de la réalité. Je ne te cacherai rien. Si tu chausses les sabots, tu es exposé aux attaques des vils partisans de l'idéalité qui ne te laisseront pas marcher en paix dans les sentiers de l'art. Il faut te tâter. As-tu la force de jouer du bâton rugueux pour te défendre contre ces attaques qui nous grandissent, nous? Si quelque indolence pointait dans ton esprit, couvre-toi de la perruque et annote la Chabussière. Ta vie sera paisible et tu parviendras sans peine à quelques académies, où un fauteuil vert rembourré te permettra un sommeil paisible. Le philosophe Bougon, quoiqu'il ne soit pas mêlé à la discussion, pense absolument comme moi. Lavertugeon est un des derniers qui ait chaussé les sabots. Tous ceux qui nous entourent marchent d'un pas léger dans ces chaussures que tu vois représentées au naturel. Titine elle-même, en m'ouvrant son cœur, a montré son mépris pour les partisans de l'idéalité. La perruque est absente de la brasserie. »

En ce moment, Puce surprit le regard froid du limonadier, dirigé sur lui.

« Oui, la perruque est inconnue dans ce bel établissement, ajouta Puce pour adoucir ce regard.

— Messieurs, cria le maître de la brasserie, il est minuit, réglons, messieurs. »

Et il fit signe à ses garçons, qui, tout en desservant les tables, avaient ordre de veiller spécialement sur la personne de Puce, le poëte, grâce à sa petite taille, ayant plus d'une fois disparu comme par enchantement à l'heure où il s'agissait de régler les comptes.

Puce, se sentant surveillé, prit un ton dégagé.

« Combien doit-on? dit-il.

— Quarante canettes, répondit avec un certain éraillement dans la voix le maître du café.

— Quarante canettes! s'écria Puce. Vous ne vous trompez pas?

— Elles sont rangées sur la table.... Soit, vingt-quatre francs. Plus sept demi-tasses, vingt-sept francs cinquante.

— Peste, dit Bigle, la soirée a été chaude.

— Humph! fit Bougon.

— Nous avons aussi un souper pour madame, reprit l'homme à la serviette sous le bras.

— As-tu bien soupé au moins, Titine? demanda Puce.

— Il y a encore une tranche d'York avec accompagnement d'œufs, pour M. Puce, dit Baptiste.

— Je n'aurais jamais cru que je pourrais manger ce soir. C'est de la faute de Trute, qui m'a trop fait parler.

— Total, trente-cinq francs cinquante, monsieur Puce. »

Puce décrochait lentement son chapeau, donnait un tour à ses cheveux et regardait l'initié du coin de l'œil.

« Du reste, cette soirée était fort intéressante, n'est-ce pas, Trute? »

Trute suivait du regard les mains de Puce, qui disposait ses cheveux en coup-de-vent, et le néophyte semblait atteint de vagues inquiétudes.

« Vous êtes bien sûr, monsieur, demanda Puce, c'est trente-cinq francs?

— Cinquante centimes, répondit d'une voix caverneuse le propriétaire de la brasserie, qui jetait une dernière pierre dans le puits sans fin de la consommation. »

Puce toussa, et d'une main névralgique abattit les boucles de sa chevelure.

« Il est fâcheux, dit-il, que cette importante discussion n'ait pu continuer.

— Messieurs, on ferme, dit le maître de la brasserie.

— On *farme*, reprit Baptiste.

— On *feeeeerme*, bêla un garçon maigre.

— Un peu de patience, nous vidons nos verres, dit Puce.

— Dépêchons, messieurs, dépêchons, on va éteindre le gaz, reprit le maître de l'établissement, qui ne quittait pas de vue la table des Amis de la Nature.

— Tu as bien quelque monnaie? souffla Puce à Trute. Moi, tu sais.... »

Il se frappa les goussets d'un air significatif.

« J'ai quinze francs, dit Trute la voix altérée.

— Très-bien. Monsieur, dit Puce au maître de la brasserie, nous passons au comptoir. »

Le chapeau sur le coin de l'oreille, Puce affectait une sorte d'assurance souriante.

« Madame, dit-il à l'énorme dame de comptoir, dont la personne tout entière faisait bourrelet et se répandait hors de la niche qu'elle était condamnée à occuper, je vous présente mon ami Trute, qui, venu ici pour la première fois, est enchanté de faire votre connaissance. »

La grosse dame pinça la bouche et fit un joli sourire au nouveau venu.

« Est-elle assez charmante? dit Puce à son ami.

— Messieurs, hâtons-nous de régler, s'écria le terrible maître de café, qui était venu s'accouder sur le comptoir.

— C'est que.... mon ami.... dit Puce.

— Madame, trente-cinq francs cinquante à recevoir, reprit le propriétaire.

— Trute, paye. »

Tristement, le néophyte tira trois pièces de cent sous.

« C'est encore vingt francs cinquante, » dit froidement le maître du café.

Puce fut pris d'une petite toux sèche.

« Mon ami.... hum! ah! qu'est-ce que j'ai dans la gorge ?... hum! mon ami n'a que quinze francs sur lui, s'écria Puce poussé à bout.

— Et vous croyez que je vais lui faire crédit de vingt francs cinquante ?

— Je réponds de lui, » dit Puce.

A ce mot, le maître de la brasserie poussa une sorte de ricanement qui fit froid au cœur de Puce.

« Répondre pour monsieur, vous qui me devez déjà une forte somme depuis plus d'un an, y pensez-vous ?

— Que faire? demanda Puce.... Je payerais bien pour mon ami....

— C'est tout ce que je demande.

— Mais je n'ai pas d'argent sur moi....

— Je ne vous connais pas, monsieur Puce, dit le limonadier, j'ai affaire seulement à monsieur. Qu'il me laisse quelque objet en dépôt. »

Trute, ému, disait :

« Je n'ai malheureusement ni montre ni bijoux.

— Le procédé me semble roide, dit Puce, essayant d'humaniser le maître du café.

— Voilà, monsieur, à quoi on s'expose quand on consomme plus qu'il ne convient.

— Si mon ami laissait sa cravate? dit Puce, qui, craignant de ne plus retrouver Titine, avait hâte de terminer ce débat désagréable.

— Ma cravate groseille? s'écria Trute; que dira ma mère?

— On ne te verra pas ce soir; tu seras censé l'avoir portée au dégraisseur.

— Elle est toute neuve, soupira Trute.

— Je vais l'envelopper soigneusement, dit le maître du café en défaisant lui-même les nœuds ; madame la rangera dans le comptoir et la remettra telle qu'elle nous a été confiée contre vingt francs cinquante. »

Tout déconcerté, Trute ayant relevé le col de son paletot pour cacher sa misère, suivit Puce qui, une fois dehors, se répandit en invectives contre le maître du café.

« Voilà, disait-il à ses amis, comme on est récompensé de ses bontés. J'ai fait la fortune de la brasserie et il faut que cet être grossier garde la cravate d'un ami que je présente ! Et cela se pratique dans un endroit où nous passons notre vie ! Ah ! Trute, je te vengerai ! Si nous fondions une nouvelle brasserie !... Il n'est que minuit !... Allons au divan Coq ?

— A pied ! s'écria Titine.

— D'ici à la rue Mazarine, il n'y a guère qu'une petite lieue, dit Bigle.

— Qu'importe ? Il est bon de montrer à nos adversaires que chaque jour nous amène des prosélytes. Nous présenterons Trute. Il n'a entendu que la défense, il doit connaître l'attaque.... Viens-tu, Bougon ?

— Si tout le monde va dans le faubourg Saint-Germain, je ne demande pas mieux.

— Eh là-bas ! » dit Puce hélant le prudent Lavertugeon qui tentait d'échapper à la bande.

Après quoi, chacun résolûment se mit en marche dans la direction du divan Coq, où se réunissaient des poëtes hostiles aux tendances de la brasserie.

On y discutait également sur l'art, mais avec plus de modération qu'à la brasserie de la rue des Martyrs, et les brutalités des Amis de la Nature y étaient particulièrement mal considérées ; mais Puce, fort de sa pantomime et de ses gesticulations, ne craignait pas la lutte.

Au bout d'une heure, la bande arriva au divan Coq qui jouissait, grâce à la tranquillité de ses habitués, de la permission de rester ouvert une partie de la nuit.

« Bonjour, Coq, dit Puce en entrant. Et ces messieurs ?

— Ils sont allés au spectacle.

— Est-ce qu'ils ne reviendront pas ?

— Oh ! ils rentrent rarement chez eux sans faire un tour à la maison.

— Coq, faites-nous donc servir un petit punch en les attendant.

— S'il y avait des glaces, hasarda Titine. Je suis bien fatiguée.

— Une glace pour madame, commanda Puce.

— Qui payera ? » demanda le peintre Lavertugeon.

Puce lui donna un coup de genou.

« Et la Providence ! dit-il.

— La Providence ! » soupira Lavertugeon qui mélancoliquement avala un verre de punch.

Puce le voyant sombre :

« Coq n'a-t-il pas dit que ces messieurs reviendraient ce soir ?

— Je vais me coucher, ajouta Bigle.

— Comment ! tu nous abandonnes ?... Reste un moment.

— Non, dit Bigle qui se sauva sans vouloir en entendre davantage.

— Suis-je assez lâche, pensa Lavertugeon, de ne pas oser suivre Bigle ! »

Mais il pensa que peut-être la Providence exigeait qu'il restât.

« Cette glace est excellente, dit Titine au garçon : il y manque cependant quelque chose.

— Elle est pourtant bien framboisée, madame.

— Il y manque un paquet de Maryland.

— Garçon, un Maryland ! cria Puce.

— Voilà, voilà, fit le garçon en apportant le paquet. C'est quarante sous, dit-il, pendant que Titine faisait couler le tabac dans un petit sac qu'elle portait à la ceinture.

— Bien, bien, dit Puce.

— Le tabac regarde les garçons, monsieur, vous savez....

— Nous payerons le tabac avec les glaces et le punch.

— Allumettes ! » cria Titine d'un tel ton que le garçon n'osa plus insister.

Et elle ajouta :

« Vraiment, les fournisseurs de ce quartier ne sont pas polis.

— Nous les formerons, dit Puce. Garçon, des londrès bien secs ! »

Le garçon dompté apporta mélancoliquement une soucoupe garnie de cigares.

« Tu ne dis rien, Trute, s'écria Puce. Prépares-tu quelque argument triomphant pour répondre à nos adversaires quand ils arriveront ? Un conseil. Parle toujours, n'écoute jamais. Tu connais maintenant l'état de la question ; tu as chaussé les sabots de la réalité : fracasses-en le crâne de nos ennemis... Tu es timide ; tu crains de manquer d'éloquence.... Va tout droit sans t'inquiéter de ce que tu diras.... En parlant longuement, on empêche ses adversaires de prendre la parole.... S'ils ont l'audace de commencer un discours, interromps-le ; s'ils élèvent la voix, crie ; s'ils crient, jure ; s'ils jurent, casse une carafe. »

Puce, sans prendre garde à ses gestes d'accord avec ses instructions, frappa sur le marbre la carafe, qui éclata.

« Voilà, voilà ! dirent les garçons en accourant au bruit.

— Te, te, te, te ! dit le maître du café en faisant avec sa langue un claquement de mauvais augure ; monsieur Puce, vous savez que je n'aime pas ces manières-là.

— Moi non plus, reprit le petit poëte en faisant une grimace au maître du café, qui s'en retournait à son comptoir. Ces moyens, Trute, sont d'autant plus certains qu'ici la discussion est tempérée....

— Que ce Bougon est galant ! s'écria Titine ; le voilà qui ronfle. »

Étendu sur le divan, les souliers crottés, son vieux feutre ramené sur les yeux pour les protéger contre la lumière, Bougon attirait l'œil sévère de Coq, qui, de temps en temps, jetait un regard sinistre sur ces hôtes sans gêne. Trute, rempli de vagues inquiétudes, baissait la tête, et le paisible Lavertugeon fumait mélancoliquement, se demandant quelle serait l'issue de l'affaire.

« Deux heures du matin ; ces messieurs ne viendront pas, dit Coq à haute voix.

— Ils se débauchent, répondit Puce.

— Le spectacle aura fini tard ; ces messieurs sont comme moi, ils n'aiment pas à passer les nuits, ajouta froidement Coq.

— Vous avez raison, Coq, dit Puce. Rien de plus fatigant qu'une nuit passée loin du foyer domestique. »

Au fond de la salle, les garçons assis se détiraient les bras.

« Je suis certain, ajouta Coq, que vous perdez votre temps à attendre ces messieurs.... Ils ne viendront pas.

— Oh ! non, dit un garçon en bâillant, ils ne viendront pas.

— Cela est fâcheux, reprit Puce, je voulais leur présenter mon ami, un charmant garçon qui arrive de province.... M. Trute est vivement recommandé à ces messieurs, dont il connaît les parents. »

Un coup de coude avertit Trute de ne pas s'inquiéter de ces mensonges.

« Demain, je ne manquerai pas d'en informer ces messieurs, dit Coq; mais aujourd'hui....

— Ne trouvez-vous pas, Coq, dit Puce, que mon ami a bonne mine pour un jeune homme de province?

— Il est si doux! » s'écria Titine en donnant une poignée de main à Trute.

Coq paraissait s'intéresser faiblement aux qualités morales du nouveau venu; il fit signe à un des garçons.

« Monsieur, peut-on fermer? dit l'un d'eux.

— Certainement, il est deux heures et un quart, » répondit Coq.

A ce mot, les garçons se précipitèrent dans une salle voisine, et en revinrent avec des matelas qu'ils étendirent sur le plancher.

« Combien doit mon ami ? » dit Puce à Coq.

Coq entra dans le comptoir, fit une addition sur le registre :

« Dix-sept francs, monsieur Puce.

— Trois francs de cigares et de maryland, ajouta le garçon.

— Ce n'est que vingt francs, dit Puce à Trute ; paye.

— Tu sais bien....

— Vous direz à ces messieurs, reprit Puce en coupant la parole à son ami, combien leur jeune compatriote a été fâché de ne pas les avoir rencontrés. »

Comme par enchantement, Bougon s'était réveillé. La bande se dirigeait vers la porte, Titine en tête, suivie du timide Lavertugeon ; après quoi venait le philosophe au chapeau crasseux, et derrière lui Puce, la tête haute, la main dans le gousset de son gilet, de l'air d'un homme qui va en tirer un porte-monnaie. Trute, le dernier du cortége, semblait un condamné mené au supplice.

Déjà Titine avait franchi la porte, envoyant une bouffée de fumée en signe d'adieu, et Lavertugeon respirait avec délices l'air de la rue, lorsque Coq, rompant tout à coup le défilé, s'élança à la porte, saisit Lavertugeon par le bras et le fit rentrer dans le café.

« Non, non, dit-il d'un ton menaçant, je ne connais pas monsieur. »

Lavertugeon pâlit, quoiqu'il n'eût pas entendu le commencement de la discussion, à savoir que Puce avait insinué à Coq que Trute, sans monnaie pour l'instant, viendrait acquitter sa petite note le lendemain.

« C'est trop fort, s'écria Coq, faire brûler deux heures de gaz et boire mes consommations sans avoir un sou en poche!

— Je me doutais bien, dit sourdement un garçon, que le tabac serait perdu.

— Cotisez-vous, messieurs, reprit Coq, je veux être payé. »

Puce, Lavertugeon et Bougon se réunirent en conseil au milieu du café; mais leurs chuchotements ne répondaient pas aux exigences de Coq.

Trute, changé en statue, se tenait immobile dans un coin.

Coq, ayant considéré avec dédain le groupe des Amis de la Nature, jeta un coup d'œil plus profond sur Trute.

« Monsieur, dit-il, je n'ai aucune confiance dans les personnes qui vous ont amené dans mon établissement; je suis fâché d'en venir à ces extrémités, mais il est indispensable, si réellement vous n'avez pas d'argent, que vous me laissiez votre redingote.

— Ma redingote! s'écria Trute anéanti.

— Demain matin je m'engage à remettre la redingote contre vingt francs. »

Trute jeta un regard de détresse sur ses amis; mais, froidement, Puce lui dit :

« Mon cher, il faut en passer par là.

— Eh bien ? demanda Titine, qui, grelottant, attendait à la porte.

— Ce Coq est inepte, dit Puce, il a gardé la redingote de Trute.

— Que dirai-je à ma mère? s'écria Trute.

— Que tu as donné la redingote à retourner.

— Mais elle était neuve !

— J'ai remarqué que le dessous imitait les étoffes anglaises ; tu veux être à la mode, tu as confié la redingote à mon tailleur; c'est entendu. »

En ce moment, la bande traversait le Pont-Neuf dont s'était emparée une bise froide et aiguë, qui faisait claquer les dents de Trute.

« Comment, mon cher, dit Titine, vous portez des bretelles? Ça ne se fait pas.... Il porte des bretelles! ajouta-t-elle, en s'adressant à Puce

— Oh! des bretelles! reprit le chœur indigné.

— Mon pantalon ne tiendrait pas sans bretelles, dit Trute qui était long et maigre.

— Voulez-vous ôter ça bien vite ! s'écria Titine.

— Mais...., soupira Trute.

— Personne parmi les Amis de la Nature ne porte de bretelles, » dit Titine.

Et, les décrochant vivement, quoi que fît le malheureux, Titine lança les bretelles dans la Seine.

« Comment vais-je faire pour m'en retourner à la Bastille ? dit Trute qui, de ses deux mains, était occupé à tenir son pantalon.

— Tu te plains, lui dit Puce, et tu es initié ! »

FIN.

# TABLE.

Le Cabaret de ma tante Péronne............... 1
La Cinquantaine............................ 77
Glaübiger-Polka............................ 115
Un drame judiciaire........................ 141
Histoire du baron de la Brunière et de Jenny Brell. 157
Le porte-drapeau........................... 201
Le poëte Puce.............................. 241

EN VENTE A LA MÊME LIBRAIRIE

# NOUVELLE COLLECTION A 1 FR.

**La France travestie, ou la Géographie apprise en r...**
**La Guerre de Pologne**, par E. D'ARNOULT.
**Les Brigands de Rome**, par E. D'ARNOULT.
**Histoires émouvantes**, par BARBARA.
**Histoire d'un Trésor**, par E. BILLAUDEL.
**La Mare aux Oies**, par E. BILLAUDEL.
**Jeanne de Valbelle**, par C. BLANC.
**Dictionnaire d'éducation**, par C. DE BUSSY.
**Nathan-Todd**, par C. DE CENDREY.
**Bill-Biddon**, par C. DE CENDREY.
**Ingenio**, par L. CHALIÈRE.
**Les Ornières de la vie**, par J. CLARETIE.
**Un Japonais en France**, par R. CORTAMBERT.
**La Télégraphie électrique**, par P. DAURIAC.
**Le Neveu de Rameau**, par DIDEROT.
**Nos Gens de lettres**, par A. DUSOLIER.
**Comment on tue les femmes**, par G. DE GENOUILLAC.
**Fables nouvelles**, par E. GRANGER.
**Le Roman d'un Zouave**, par GRAUX.
**L'Amour bossu**, par HENRY DE KOCK.
**La nouvelle Manon**, par HENRY DE KOCK.
**Guide de l'Amoureux à Paris**, par HENRY DE KOCK.
**Les Mémoires d'un Cabotin**, par HENRY DE KOCK.
**Les petites Chattes de ces Messieurs**, par HENRY DE KOCK.
**La Voleuse d'amour**, par HENRY DE KOCK.
**Les Accapareuses**, par HENRY DE KOCK.
**Le colonel Jean**, par H. DE LACRETELLE.
**Jacques Galéron**, par A. LÉO.
**Rien ne va plus**, par DE MARANCOURT.
**Souvenirs d'un Zouave**: (Montebello, etc., Magenta, Solferino) par L. NOIR. 3 vol.
**Séduction**, par R. OLLIVIER.
**Les Finesses de d'Argenson**, par A. PAUL.
**Nicette**, par A. PAUL.
**Thérésa**, par A. PAUL.
**Les Cachots du Pape**, par C. PAYA.
**Lettres gauloises**, par U. PIC.
**Un Mariage entre mille**, par V. POUPIN.
**Les Soirées d'Aix-les-Bains**, par Mme RATAZZI.
**Les Francs-Routiers**, par A. RÉAL.
**Les Tablettes d'un Forçat**, par A. RÉAL.
**Histoire des Persécutions religieuses**, par DE LA RIGAUDIÈRE.

---

Imprimerie générale de Ch. Lahure, rue de Fleurus, 9, à Paris

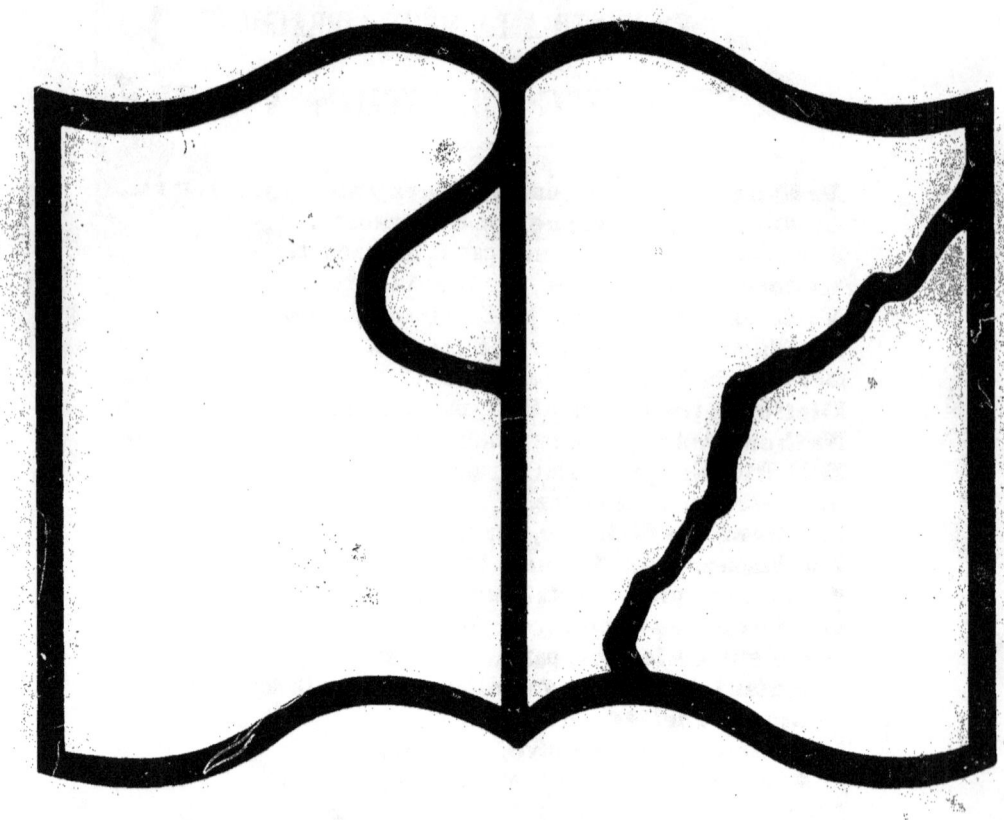

Texte détérioré — reliure défectueuse

**NF Z 43**-120-11

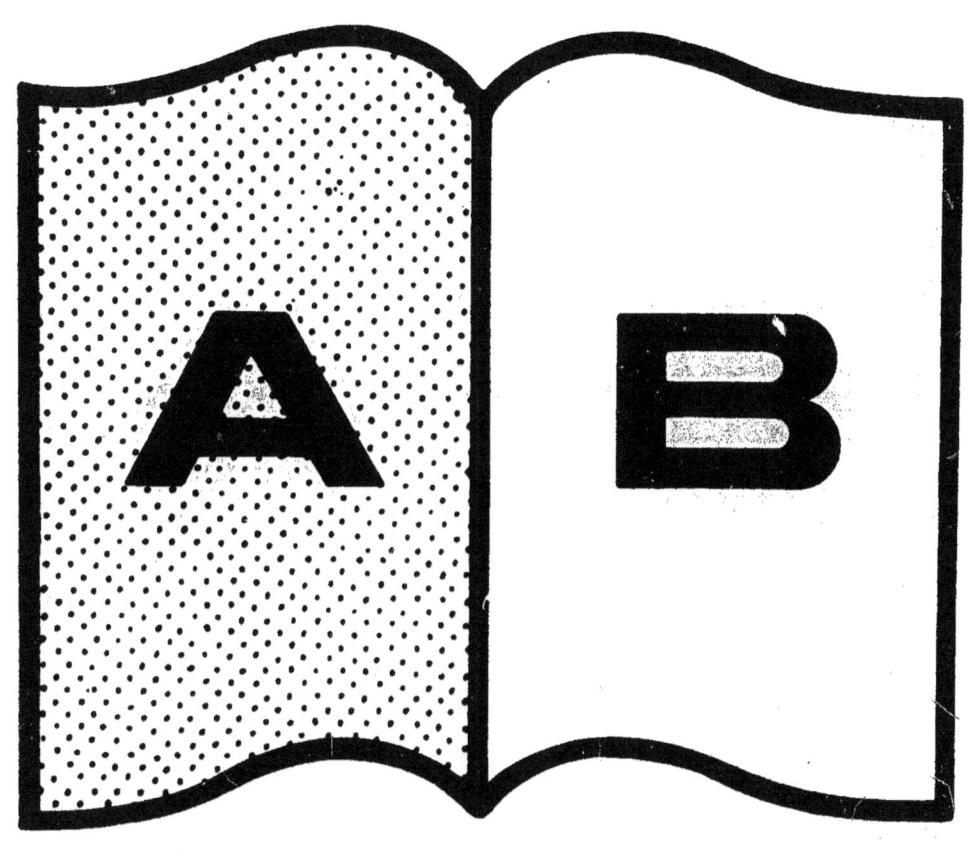

**Contraste insuffisant**

**NF Z 43**-120-14